自宅サロン・自宅教室のための

魔法の傾聴力

飛常識な経営コンサルタント
高橋貴子

はじめに　〜人の心を動かし売り上げを自在に創る最強の力とは？〜

自宅教室の先生の9割は「集客」に悩んでいる

もしもあなたが集客力を上げたいと思ったら、最初にどんなスキルを磨きますか？

私の職業は、経営コンサルタントです。

主なクライアント様は「自宅教室業の先生」。つまり、おひとり様ビジネスを行っている個人事業主の方がほとんどです。

私は毎日のように、そんなクライアントさんの集客や成約、経営の事業相談に乗っています。

そして、このような日々の中で、感じていることがあります。

それは個人事業主、いわゆる「おひとり様ビジネス」を行っている方のお悩みの9割以上が、「集客」に関するお悩みだということです（この本を手に取ってくださったあなたも、きっと、そうではないかと思います）。

なので、みなさんは**「集客」つまり「お客様を集める方法」**を求め、集客のための考え方などを学んでいらっしゃいます。

例えば起業塾やオンラインサロン、私のようなコンサルタントについて学ぶ方、その方法は様々です。

集客だけしても成約力が低ければ意味がない

しかし、そんな中、実はみなさんがよく見落としているスキルがあります。
それが**「成約力」**です。

なぜ成約力が大切なのか？

それをイメージするために、穴の開いたバケツを想像してみてください。

そのバケツに勢いよく水を注ぎます。

果たして、水はバケツの縁ギリギリまで溜まるでしょうか？

――答えは、ノーですよね。

穴を塞がない限り、水はバケツ一杯に溜まりません。

集客と成約の関係にも、これと同じことが言えます。

例えるなら、バケツの大きさが、あなたのお教室で受け入れ可能な最大人数。そして、水がお客様です。

いくら一生懸命に水を入れても（＝集客しても）、バケツに大きな穴が空いている（＝**成約率が低い**）状態では、そこには一向に水は貯まりません（＝生徒は増えません）。

バケツに水を溜めたい（＝お教室を満席にしたい）ならば、先に穴を塞ぐ（＝**成約率を高める**）ことが必要なのです。

集客力も成約力も底上げできる魔法のスキルとは？

このように、ビジネスをうまく回すためには「集客力と成約力」の2つの力を、共に上げなければいけません。

そのためには、どうしたらいいのでしょうか？

実は、この2つの力に共通する、**必要不可欠なスキル**があるのです。

それが**「傾聴力」、つまり「聴く力」**です。

これはおそらく、みなさんがあまり注目していないスキルなのではないかと思います。

だからこそ、私はお伝えしたいのです。

「集客力も成約力も、基本は聴く力である」ということを。

答えはお客様が持っている

コンサルティングのセッションでは、クライアントさんの様々なお悩みを相談されます。

そのお悩みの種類や内容は、当然、その時々に違います。

それでも共通して、私が思わずクライアントさんに言ってしまう言葉があります。

「それ、どうしてお客様に聞いてみないの？」

クライアントさんは、自分で考えているだけでは打開策が見つからないから、私に相談してくるのですが、私にしてみれば「それ、お客様に直接聞いたら、きっとすぐに答えが出るのに」と思うことが多々あるのです。

みなさん、「お客様に聞いてみる」という発想が、まるでないのです。

「答えはお客様が持っている」

この軸がずれなければ、たいていの悩みは高確率で解決できます。

集客に関することでも、成約に関することでも、あるいは新しい商品の企画に関することでも、です。

もちろん、まったくの新規開業、新規事業の時には、来ていただきたい対象のお客様（ペルソナさん）に直接聞くことができないケースも多いでしょう。それでも実は、工夫次第で、どうにかなります。

だからこそ、**「聴く力」が大切**なのです。

「攻めの傾聴力」でビジネスも人生もうまくいく

本書は、そんなマルチに活用できるスキルである「聴く力」を解説した本になります。

実際にお客様の声を聴いて好転した事例をベースに、すぐに活用できる内容に落とし込んでまとめました。

本書で紹介するのは、マーケティング要素も多分に含んだ「聴く力」。

相手に寄り添い、癒しを与えるだけの、従来型の「**癒しの傾聴力**」にとどまらない、**まったく新しい概念である「攻めの傾聴力」**です。

営業力や成約力をアップさせて、売り上げにも貢献できる力です。

ビジネスも人生もすべてうまくいき、幸せな人が増えること間違えなし。

そんなワクワクする、新時代の「聴く力」を、あなたの味方につけましょう。

どうぞ、リラックスして実践にとりくんでみてください。
本書を読み終えるころには、「**ビジネスの傾聴力**」が格段に上がっているあなたに、きっと出会えます。

2024年7月

飛常識な経営コンサルタント　高橋貴子

第4章 企画・集客・成約に活用する魔法の傾聴力

第5章 魔法の傾聴力を活用する実践ポイント虎の巻

プロローグ

売り上げに直結する成約力のポイントは「聴く力」

1 「集客ができるだけでは、売り上げにならない」という残念な真実

わざわざ労力がかかるやり方を選んでいませんか？

「穴の開いたバケツには水が溜まらない」というお話を、冒頭でお伝えしました。
では例えば、次の2つのパターンのうち、どちらが労力的に楽でしょう？

パターン①100人のお客様を集めることができて、1人が成約する場合
パターン②2人のお客様を集めて、2人成約する場合

——誰しもが**パターン②**と答えると思います。
ところが、実際に個人事業主になった方が最初に頑張るのは、なぜかパターン①の手法なのです。

私がこのことを実感したのは、会社員から独立して自営業でやっていこうと決めて、ネット集客のマーケティングを学んだ時でした。

聴く力があれば、売り込まなくても商品は売れる

私は、会社員として営業職を22年経験しています。
2社で営業事業部長も務めました。
そのうちの1社では、最優秀営業賞の表彰をされたこともあります。

こんな話を聞くと、さぞゴリゴリの強気の押しの営業でやっていた人だと想像する方も多いでしょう。

ところが、事実はまったく逆で、おそらく私は社内の営業の中で一番「売らない営業」だったと思います。正確に言うと**「売り込みをしない」で「相手から『欲しい』という言葉を引き出す」営業**でした。

つまり、私には**聴く力があったので、成約率が高かった**のです。

もっとも、当時の私は無意識にやっていたので、そのことに気づいたのは、自営業で

プロローグ
第1章
第2章
第3章
第4章
第5章
第6章
第7章
エピローグ

開業して自分で集客をするようになった時でしたが……。

集客力よりも、まずは成約力が大事

個人事業主の集客の要がSNS集客であることは、あなたも実感している通りです。

その時に、ものすごくたくさんの人数を集めることに一生懸命になっていませんか？

例えば10人、100人、1000人……などと。

でも、この時に少し考えてみてほしいのです。

あなたの売り上げに貢献できる人は、本当は何人必要ですか？

例えば、もしもあなたが、月商50万の売り上げが欲しかったら、次のようになります。

・商品が1万円なら、50名
・商品が5万円なら、10名
・商品が50万円なら、1名

つまり、お客様が喉から手が出るほど欲しい商品を作ることができたとして、それが50万円だったら、月に1人の成約があればいいのです。

ならば、大人数を決めるスキルの前に、まずは1人の成約を確実に取るスキルの方が大事になりますよね。成約のスキルがない状態でいくら人数を集めても、買ってもらえなければ売り上げはゼロですから。

「集客力を磨く前に、成約力を磨け！」

まずは、この出発点を認識していきましょう。

実際に「問い合わせはあるのに、売り上げゼロ！」というクライアントさんに「成約のコツ」＝「本音を引き出す質問の仕方」をお教えしたら、面白いように契約が取れるようになりました。

この方は少し高額な商品を扱っていたのですが、1年間で20件も問い合わせがあったのに成約ゼロ（売り上げゼロ）だったのが、2ヶ月で3件の問い合わせがすべて成約するようになったのです。

2 成約力を上げたければ「聴く」スキルを磨こう

私が営業職時代にもっとも気をつけていたこと

さて、前項で売り上げに直結するスキルは「成約力」だとお伝えしました。

この本を手に取っていただいた方の中には、個人事業主として活動しはじめたばかりの方も多いと思います。そんな方は「成約なんてまだ先！　まずは集客を頑張らなくちゃ！」と思うかもしれません。

ただ、バケツ理論の話からもわかるように、成約力がない人が集客を頑張ってしまうと「無駄足」に終わってしまうことも多々あるのです。

だから「**まずは成約力**」と、私はお伝えすることにしています。

私は会社員時代、現場で、生身のお客様の声を聴きながら、商品の良さとお客様の要望をどのように結びつけて提案するかということを日々行っていました。それが営業職の基本だからです。

自社商品の特長を言えるのは当たり前。比較される競合他社の製品特長も当然、把握しています。もちろん、同時に自社商品の弱点、他社商品の弱点も把握しています。

その上で、お客様に自社商品を選んでいただけるようにプレゼンテーションをすることになります。

さて、この時に、私がもっとも心がけていたことは何だったと思いますか？

それこそが、まさに「聴く」ことでした。

「聞く」のではなく「聴く」耳を育てよう

ここで、敢えて私が「聴く」という漢字を使っていることについて、少しだけ解説させてください。

「きく」という言葉には、「聞く」と「聴く」があります。

この意味の違いはわかりますか？

・「聞く」……一般的には、「物音を聞く」「話し声が聞こえる」のように、音や声などが自然に耳に入ってくることを表します。
・「聴く」……「音楽を聴く」「講義を聴く」「国民の声を聴く」のように、積極的に耳を傾けることを表します。

つまり、特に意識することもなく相手の話を聞いている状態は、まさしく「聞く」状態になっています。

それに対して、相手がもっとも喜び、かつ悩みを解決できるようにお話を聴いている時は「聴く」なのです。

あなたは日常で、どちらの耳を使っていますか?

ビジネスに役立つ「**聴く」耳を育てる**ポイントはいくつかありますが、そのうちのとても重要な要素に「**質問力」を伸ばす**、ということがあります。

聴く力と質問力は表裏一体です。この2つをコントロールできるようになると、集客も成約も楽になります。

なぜならば、「**お客様の本音がわかるようになる**」からです。

3 成約率が高い人ほど話さない理由

優秀な営業マンは話し上手より聴き上手

「トップセールスマン」に対して、あなたはどんな印象を持っていますか？
気の弱い方などは、「自分は『欲しい』なんて少しも思ってもいなかったのに、マシンガントークに負けてうっかり契約してしまった」などの経験もあるかもしれません。このような経験をしたことがある方は、営業マンに「よく話す人（弁が立つ人）」という印象があるかもしれませんね。

しかし実は、お客様と良好な関係を築きながら、売り上げが上がっている人ほど、「営業マンサイドが話す割合が少ない」のです。私の肌感覚だと、「お客様が話すのが8割：営業が話すのが2割」ぐらいかなと感じています。

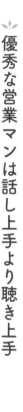

しかも、その営業が話す2割は、**お客様の話を引き出すために使う「質問」**がほとんどを占めています。

つまり、優秀な営業マンの手にかかると、お客様は気持ちよく話をしながらも、気づいたら、**「営業マンが欲しい答え」を自然に言ってしまっている、**ということも多々あるのです。言わされている感覚がなく、自分の意思で選んだ、と思ってしまうことすらあるという状態です。

お客様の本音がわかると、成約率は劇的に変化する

このように**質問が上手な営業マンは、「傾聴力」を使い、**気持ちよくお客様にたくさんお話をしてもらっている時に、欲しい情報をどんどん手に入れていきます。

その情報とは、ズバリ**「お客様の本音」**です。

では、「お客様の本音」がわかると、何ができるのでしょうか？

お客様の本音をビジネス上、一番有利に活用できるのが「成約のシーン」です。

お客様の本音がわかれば、自社の商品・サービスの特長の中の「どの部分」をピンポ

イントで説明すればいいのかわかります。
その結果、成約率が劇的に変化することになるのです。

教室に来てほしい生徒さんをどうやって見分ける？

例えば、私は昔、教室コンサルタントになるために、自分で天然酵母のパン教室を主宰していました（10年以上前のことです）。

教室のコンセプトは「**プレゼントしたくなるような、おしゃれな天然酵母パン教室**」。当時、私が教室に来てほしかった生徒さん像は、ざっくり次のような方でした。

①50代女性。時間もお金も比較的余裕がある。子育ても手が離れている。
②土日よりも平日日中の方が都合がいい。ご自身の月の習い事費用は5万円レベル。
③手でこねると体力を使い疲れるから、手ごねよりも機械ごねがいい。
④ドライイーストのパン作りよりも天然酵母のパン作りをしたい中・上級者。
⑤人と同じではなく、デザインが変わったもの・パン屋さんのようなパン作りをしたい

実際には他にも、たくさんの生徒さん像があったのですが（当時100項目ぐらい書き出していました）、代表的な5つをピックアップしました。

さて、このような生徒さんに入会してほしい、レッスンを受けてほしいと思い、体験会を開催した時に、**あなたならどのような質問をしながら本音を聴きだしますか？**

良かったら、ちょっと考えてみてください。

お客様の本音を見抜く「雑談に交えた自然な質問」

さて、では答え合わせをしましょう。

体験会の参加者が、教室に来てほしい生徒さん像にマッチングしているかどうかを調べるために、私は以下のような質問を行っていました（それぞれ、前述の5つの生徒さん像に対応しています）。

①「お子さんはいらっしゃいますか？」「お子さんはおいくつですか？」「普段どんなところに行くのが好きですか？」

②「週末はどんなところに行かれますか？」「他にも何か趣味とかで習い事をしていらっ

しゃいますか？」

③「パンをこねる機械をお持ちですか？」

「パン作成歴は何年ぐらいですか？」

④「普段どんな酵母を使っていらっしゃいますか？」「どんな種類のパンがお好きですか？」

⑤「今まで作ったパンの中で『自信作！』『これは好き！』というパンはどんなパンですか？」

もちろん、一気に全部を聴くのではなく、**雑談の中に自然な流れでこうした質問を交えて、その方の状況を確認**したのです。

ポイントは「内容を直接的に聞かなくても、周辺の質問からでも欲しい答えを聞ける」こと。この質問の仕方を知っていて、

お客様の本質的な答えを聴いていると、自分の講座がその方にピッタリかどうかがわかります。

すると、後はその方の興味の味の方向に合わせて、講座の説明をするだけで成約するのです。実際、**当時の体験会の成約率は、ほぼ100%**でした。

聴き上手は、話し上手でもある

私はいわゆる成約率が高い、トップセールスマンと言われている方と一緒にお食事をしたり、お話をさせていただく機会も多かったのですが、やはり、みなさんとにかく「**聴き上手**」でした。

もちろん、求められればご本人のエピソードも、TPOに合わせてみなさんが思わず身を乗り出して聴いてしまうようなお話にまとめてしまう力もありました。それも、相手が何に興味を持っているか、先に本音を聴きだしているからこそ、適切な話ができるのです。

だから、聴き上手は、話し上手。あっという間に、人を魅了してしまいます。

この力を使えば、成約も簡単にできてしまうイメージが湧いてきませんか？

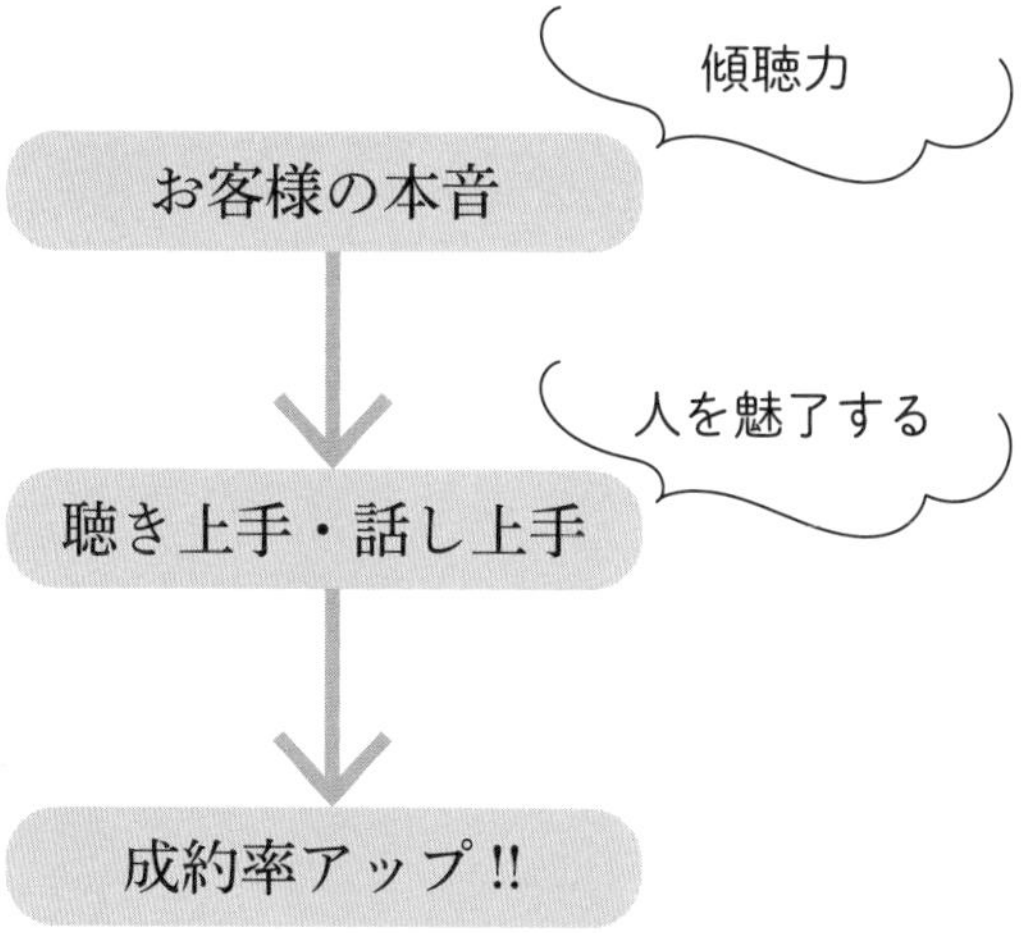
傾聴力
お客様の本音
人を魅了する
聴き上手・話し上手
成約率アップ!!

4 「聴く力」を磨くと仕事も人生もすべてうまくいく

「聴く力」は人間関係の悩みも解決する

今回の本のテーマは、**ビジネスでの「聴く力」**です。

しかし、このスキルを身につけると、仕事だけではなく、人間関係も、さらには人生の夢まで叶ってしまいます。


いつの時代にも仕事の悩みの上位3位には必ずと言ってもいいほど、**「社内の人間関係」**が入ってくるもの。そしてプライベートでも家族関係、友人関係、人付き合いの悩みは必ず付きまといます。

「聴く力」は、それを解決していくことができる手段の一つでもあるのです。

「聴く力」がなかった幼い私

私は幼少時代を貧しい家庭で過ごしていたこともあり、もともと**「他人とは違うことが当たり前」**という生活を送っていました。

この経験には、良い面と悪い面がありました。

良い面は、他人と同じになれないのが当たり前なので、「他人がどう思おうと関係ない、我が道を行く」という強い自己肯定感とマインドを持つことができたこと。

悪い面は、他人と同じ経験ができている部分が少ないがゆえに、他人の立場に立って考え共感することができなかったこと、です。

この時代の私は、「**理解できないことは聴かない**」、「**聴いてもわからないから特に感じない**」という生き方をしてきていたのです。

会社員時代の苦労が「聴く力」を磨いてくれた

そんな私が大きく変わったのは、社会人になってからです。

会社に入ると、先輩や上司、価値観の違う同期など、一気に人付き合いの幅が広がりました。そして同時に、自分の感覚では受け入れがたい感性の人とも、仕事上お付き合いする必要が出てきたのです。

それまで「他人は他人、自分は自分」と割り切って生きてきた私にとって、嫌いな人は嫌いだったし、合わない人は合わなかったので、自分の感情をどのように処理していくのかはかなり苦労しました。

「人の話をどのように受け止めるか」
「理解できないことはどのように質問すればいいか」
「どうやって歩み寄れる妥協点を見つけていくのか」

そんなことを社会人生活22年の中で繰り返し調整していくうちに、少しずつ「人の話をきちんと聴く」＝「感情を共有する」ことを学び、だんだんとうまくいくようになったのです。

特に私は営業職で活動していたこともあり、成約を取るには普通よりも1段上のスキルを身につける必要がありました。そうやって私の傾聴の耳は磨かれていったのです。

人の話を聴くことができる耳は一生の宝物

私のように、たとえ仕事の成功のためがきっかけだったとしても、**「魔法の傾聴力」を身につけることで、次の2つの成果が同時に手に入ります。**

①仕事のスキルがアップする（集客・成約・企画力など）
②人間関係がうまくいく（職場・家庭など）

みなさんにもそんな成果を手に入れてほしくて、この本を書きました。

私がこれから紹介していく傾聴力は、共感の**「癒しの傾聴力」**のみならず、積極的に仕事を取っていき、自分も活動的で元気に人生を送れる**「攻めの傾聴力」**です。

プロローグ
第1章
第2章
第3章
第4章
第5章
第6章
第7章
エピローグ

ぜひ、ワクワクする気持ちでページを読み進めて、そして実践してみてください。

実際に実践していくにつれて、今までのあなたが過ごしてきた世界とはまた違う、新しい世界線に移行していることを実感できると思います。

第1章

「魔法の傾聴力」の極意は「攻めの傾聴力」

1「受け身の傾聴」と「攻めの傾聴」の違い

傾聴には「受け身」と「攻め」の2つがある

傾聴という言葉に、みなさんはどんなイメージを持っているでしょうか?

言葉の通り「耳・目・心を傾けて真摯な姿勢で相手の話を聴くこと」だと理解しているのが通常だと思います。

もちろん、その認識は間違っていません。

ただし、傾聴には**「受け身の傾聴」と「攻めの傾聴」**の2つがあると、私は思っています。

この「受け身の傾聴」「攻めの傾聴」は、私が作った造語ですが、この2つの「傾聴」の違いこそが、本書の核になる重要な概念になります。

私がこの本で提唱する「魔法の傾聴」は、「攻めの傾聴」を指しています。

これから、その考え方とビジネスへの活用についてお伝えしたいと思います。

受け身の傾聴は癒しが目的

まず、「受け身の傾聴」についてです。

こちらは、主にセラピストやカウンセラーが使う傾聴です。

「共感」が主軸の傾聴となり、「癒し」の要素が強くなります。

「寄り添い型」の傾聴方式とも言えるでしょう。


心の助けになることが目的のお仕事では、「受け身」＝「包み込む」イメージの傾聴が必要です。

セラピストがフラットな立場で話を聴いてくれるからこそ、クライアントは自身の内面や感情を安心してさらけ出せるのではないでしょうか。そしてその結果、心の苦しみが軽くなったり、前向きに行動できるようになります。

つまり、**ゆるりと心身穏やかに良い状態を保つお手伝いをしていくというのが、「受**

け身の傾聴」の役割です。

攻めの傾聴は個人事業主に必須のスキル

一方、私が提唱する「攻めの傾聴」は、営業的な要素を多分に含んだものを指します。

「癒し」というよりは「課題解決」の意味合いが強く、「課題解決」はそのまま「サービスの提供」に直結します。つまり、「ビジネス」＝「お金を生む金の卵」になっていくのです。

主に営業職やコンサルタントが使うスキルですが、別に特殊な職業に限らず、個人事業主であれば必須のスキルになってくると実感しています。

私が「攻め」という言葉を使っているのは、「受け身」＝「包み込む」というよりは、積極的に「質問」を繰り返して深堀していくことで、真の課題を解決していくことを目的としているからです。

つまり私が提唱する「攻めの傾聴」には、ただ相手の話を聴くことだけではなく、積極的に質問をすることも含みます。

　イメージとしては、相手と一緒に新しい道を開拓していくイメージに近いかもしれません。**受け身の傾聴が「共感」（共に感じる）なのに対して、攻めの傾聴は「共創」（共に創る）という感覚**です。

　そして、この攻めの傾聴こそが、集客力も成約率もアップすることに貢献するスキルなのです。

　どういうことか、具体的な場面で説明しましょう。

攻めの傾聴は集客に効く

集客には2つのカテゴリーがあります。


1つ目は、商品企画の時。

2つ目は、募集告知を行う時です。

そして、どちらの場合にも「お客様の本当の欲求」を知ることは必須です。

つまり、「お客様の本音」をしっかりキャッチすることができれば、次のことが可能になります。

- **「売れるサービス&企画」を作ることができる**
- **「人が集まる集客ページ&告知文」を作ることができる**

私はコンサルタントという職業柄、クライアントさんの企画や文章などの添削も日々行っていますが、まず、「お客様の本音に沿った提案」でない限り集客はうまくいきません。

集客がうまくいってない方は、お客様の本音を理解せずに、自分がやりたいように、やりたいことを告知しているから、お客様が集まらないのです。

もちろん、集客できない要素は他にも挙げればたくさんあるのですが、まず根幹の部分である「お客様の本当に求めるものでない限り、人は寄ってこない」というシンプルな法則を理解しましょう。

では、「お客様の本音」をしっかりキャッチするためには、どうしたらいいのでしょうか？

書面アンケートでもしないよりはいいのですが、可能であれば、直接「お客様の生の声」を聴くことがベターです。

その際、「自分が欲しい答え」を得る「質問の仕方」があります。

その具体的な質問の仕方については第2章でお伝えしていきます。

攻めの傾聴で売り込みなしで成約できる

また、攻めの傾聴は、成約の際にも活用できます。

こちらは主に、クロージングと呼ばれる契約の一歩手前のシーンで使うことをイメージしています。そうしたシーンで「攻めの傾聴」（質問話法も含む）を使うと、売り込みをすることなく、相手も納得してお互いにＷＩＮ‐ＷＩＮの状態でスルッと成約に結びつきます。

なぜなら、「攻めの傾聴」を使うと、相手の本音がわかり、商品を提案するだけで相手が「欲しい！」と言ってくださるからです。

極端な話、成約率０％だったのが、「攻めの傾聴」を身につけることで１００％になったクライアントさんも実際いらっしゃいます。それぐらいインパクトがあるのです。

個人事業主の方は「集客」よりも「成約」がうまくない方がとても多いです。特に女性の場合はそれが顕著なので、**売り込むことなく成約ができる「攻めの傾聴力」はぜひマスターしてほしいスキル**です。

なお、厳密に言えば、成約は対話なしでも決めることもできます。

例えば、私の実例で言うと、1枚のLP（セールス用のウェブページ）で100万円の商品を販売することもできていますし、メルマガから50万円、70万円の商品を販売することもできています。

しかしこれは、もともと私が「対面契約」のシーンの経験値が豊富だから、という点が大きいと感じています。

ですので、みなさんには、まず「対面」でのシーンで「攻めの傾聴」を使うことをおススメします。

具体的な質問手法は第2章でお伝えしていきますね。

2 攻めの傾聴はセールスの強力な武器になる

誰だって売り込みは嫌い

「売り込みなしで商品が売れるなら楽なのに」

誰もが、そう思うことでしょう。

営業職の経験が長い私でさえ、売り込みは嫌いです。

私の基本スタンスは、「選ばれて買ってほしい」のでゴリ押しするつもりはありません。

では、なぜそれなのに、私はトップセールスの実績を残すことができたのか？

その理由は2つあります。

1つ目は、おそらく他の営業マンよりも「聴く力」に長けていたから。

そして２つ目は、「紹介をいただきやすかった」からだったと思います。

以下、それぞれを解説していきます。

聴く力を発揮するとセールスが要らなくなる

まず「聴く力」に長けていたという点ですが、これは私の営業スタイルにも関係してきます。

ひとくちに営業と言っても色々なスタイルがありますが、私が得意としていたのは「企画提案型の営業」でした。これは「お客様が欲しいと思う未来の姿を、自社の商品でどのように実現できるか」を伝えるという営業スタイルです。

具体的には「まずは訪問してお客様と面談し、状況を伺って、その後最適な提案をまとめて再度訪問する」というように、最低２回はお客様にお会いするようなスタイルですから、最初の訪問で情報をしっかり収集できないと、企画がまとめられず、次の再訪問につなげられません。

そこで初回面談時に必要となるのが、「聴く力」（質問力）なのです。

もちろんお話を伺う過程で、こちらができることをお話するようなケースもありますが、**原則としては聴くのが8割、もしくは9割ぐらい**になります。

しかも、その質問も単なる質問だけだとお客様は面倒に思ってしまいます。

ポイントは、3WIN（目の前の法人のお客様、その法人がお付き合いしている個人のお客様、自社の3者のメリット）になるような接点が明らかになるように誘導して伺っていくことです。

売り込みではなく、あくまでも**「相手の利益になることを提案するため」**というスタンスで現在状況を確認していきます。

これができれば、ほぼ売り込まなくても話をしているだけで売れていく状態が作れるようになっていきます。

もちろん相手のお客様には、こちらの提案に対して合い見積もりや比較をする権利がありますが、実際に合い見積もりで自社の方が価格が高くても、契約が決まっていくことが多々ありました。

あるいは値段も言っていないうちから価値に共感していただいて、ほぼ決定に近い状態で社内稟議のための見積書を担当の方と一緒に作る、ということもありました。

相手のことを知り「本音」がわかれば、本当にその人の悩みを解決できる自社商品を提案してあげればいいだけなのです。

聴く力が次々にお客様を運んできてくれる

そして聴き方がうまいと、紹介もいただきやすくなります。
これは、人が誰しも「承認欲求」というものを持っているからです。
承認欲求とは「他者に自分を認めてもらいたい」という欲求。
すなわち、次のような欲求です。

- **自分の話を聞いてほしい**
- **自分の頑張りを褒めてほしい**
- **自分の優れているところをわかってほしい**
- **苦労していることをわかってほしい**

「聴く力」を持っている人は、相手のこうした承認欲求を満たします。

つまり、話をしていて気持ちがいい。しかも行動が誠実で良いものであれば、自分の知人や困っている人などにも紹介したくなるのは、人として自然な流れでしょう。

きっと自分の大切な人も「いい気持ち」にさせてくれて、相談に乗ってくれるに違いないと思って、紹介してくださいます。

ですので、「聴く力」を持っている人は、なんだかいつも人に囲まれるケースが多いです。

逆に、自分の自我が前面に出て、自社商品のことを語るタイプの人は、まず紹介してもらえません。紹介をもらえない人は、たいてい「自分がしゃべり過ぎ」という傾向があると感じています。

もしも、あなたが紹介で輪を広げていきたいなら、ぜひ「聴く人」を目指してください。

3 攻めの傾聴のポイントはストーリーを作る質問力

ゴールに向けたストーリーを意識する

もしもあなたが成約のシーンで「攻めの傾聴」を使いたいなら、**ストーリーを意識し**てください。

つまり、あなたが目の前のお客様とどのような関係性を築いていきたいかを最初に決めて、そのゴールに向かってどのような形で着地させたらいいのかを想像するのです。

おそらくイメージが湧きにくいと思いますので、レッスン体験会の例でお伝えしますね。

体験会を開催するということは、「成約」を目的にしているはずです。単なる体験だけで終わるのであれば、あなたにとっても、お客様にとっても、時間がもったいない。

だとすれば、最後に必ず、入会もしくは契約の意思を聴く必要があります。

なので、あらかじめ、体験会の2時間のうちのどの時間までを挨拶、どこまでを体験、最後は何分ごろから最終的なお話をしはじめる、という流れを考えなくてはいけません。これが、ストーリーを意識するということです。

自己紹介で参加動機を聴く

もう少し詳しく説明していきましょう。

人によって異なると思いますが、体験会では、私は最初の15分をとても大切にしています。この最初の15分は、いわゆる〝アイスブレイク〟と呼ばれる時間です。初めて会った人同士の硬くなりがちな空気を和ませるために設けます。

私はこの時に、先に自分の自己紹介をします。

自分がそのセミナーや講座をどんな思いで作ったか、自分の経歴とともにお話することが多いです。

その後、参加者さんの自己紹介をお願いしていますが、そこで一番よく聴いてほしいのが「参加動機」です。

どんな参加者さんも、それぞれ、そのセミナーや体験会で持ち帰りたいゴールをお持ちでいらしています。その点をしっかり理解し、体験会の最後までにその伏線をきちんと回収できるようなストーリーを考えるのです。

成約率の高低は、この最初の時間のヒアリングで大きく変わります。

参加動機の裏にある切実な願いや思いをしっかり理解して体験会を進めることができると、最後の成約がスムーズに決まります。

体験会本編は参加動機に合わせて臨機応変に

そして、自己紹介が終わったら、体験会の本編を始めます。

本編では講座の説明をするのはもちろんなのですが、ここで大事なことが一つあります。

事前に用意した体験会のシナリオがあったとしても、先ほどの自己紹介の時間に伺った参加者さんの参加動機を踏まえ、「参加者さんのリアルな目的に合わせて説明を変え

プロローグ
第1章
第2章
第3章
第4章
第5章
第6章
第7章
エピローグ

る」のです。

つまり、「聴く力」で最初に収集した参加者さんの情報を、本編での説明に取り込んで伝えていくということです。その方が、圧倒的に成約率が高くなります。

実際に、私の体験会やセミナーは基本骨子が決まっていても、参加者さんの要望に合わせて臨機応変に時間配分や内容を変えるので、同じものは一つもありません。

以前に3回、同じ講座に参加された方がいらっしゃいましたが、毎回内容が変わるので毎回気づきがあると言われたこともありました。

なお、参加者が多人数の場合は、その場でこのように臨機応変に対応していくのに少し難易度が高いスキルが必要なので、慣れないうちは少人数や個別の体験会にすることをおススメします。10人集めて1人しか成約しないより、1人集めて確実に成約する方が、効率がいいからです。

特に高額講座を扱うなら、少ない人数でも確実に成約できるスキルが大切です。

私の場合、少ない人数でも気持ちの合う人と充実した講座をやっていきたいと思っていることもあり、体験会の人数は多くても10名までにとどめています。

契約の確認はたった一言でOK

さて、ひとしきり体験が終わったら、最後にどのように考えているのかを確認する必要があります。

講座の内容を説明して、契約したい意思があるかどうかを聴くだけなのですが、営業に慣れていない方は、ここが一番緊張するシーンだと思います。

でも実は、ここで必要なセリフはたった一言。

「いかがなさいますか？」

これだけで大丈夫です。

こちらが説明をしきった後であれば、後はご本人が考えるだけなので、ご本人が自分から言葉を紡ぐまでは、こちらはただ沈黙して待っているだけでいいのです。

成約力は聴く力と連動する

この「**ただ沈黙して待っている**」というのが、案外、苦手な方が多いようです。

特に自分の商品・サービスの価格などに自信がない方は、お客様が何も言ってないのに「そうですよね、高いですよね、家に帰ってゆっくりご家族とご相談の上ご連絡くださいね」と自分から話しはじめてしまうことがあります。

相手から断りの言葉を聴くことに恐怖を感じてしまうからなのだと思います。

成約率の低さに悩んでいる方と面談していて、いつも思うことが、「**独りよがり**」だなぁということです。

そういうクライアントさんに、お客様とどういうお話をしていたか再現していただくこともあるのですが、お客様は何も言っていないのに、勝手に誤解して、話を進めている人が多いのです。

私がその点をご説明すると、みなさん一様に「ホントですね……なんで私、そういうふうに勝手に思ったんでしょう……」とおっしゃいます。

改めてお伝えします。

「成約力は聴く力である」

聴くことにおいて「相手が口を開くまで待って、しっかり考えをまとめる時間を与える」というのも、大切なスキルなのです。

質問することでお客様の頭の整理をお手伝いできる

あなたが待った上で、お客様が口をついて出た言葉をよく聴いて、それに対してしっかりお返事をしていけば、決まるものは決まります。

ここで、もしお客様の返事が曖昧なものだった場合は、次のような質問を投げかけるといいでしょう（ただし、言葉のトーンによって柔らかくも厳しくも表現できてしまうので、あくまでもニュアンスとしてとらえてください）。

「それは例えばどんなことですか？」

「もう少し具体的に言うとどういうことでしょう？」

「なぜそう思ったんですか？」

「○○や××だとダメでしょうか？」


ポイントは、このような質問をしていくことで、お客様が自分の頭を整理して、本当に何が欲しいのかをまとめる過程に寄り添うという点です。こうした質問力もまた、傾聴の大切なスキルです。

このようにしてお客様ご自身で、自分の本心を自覚ができれば、後は買うだけ。逆に、これで決まらないものは、どうやって

も決まらないと思った方がいいでしょう。

聴く力があれば、お客様の本意がわかります。

場合によっては新しい解決策も出てきます。

「攻めの傾聴力は、実は最強の営業力である」とすら、個人的に思っています。

4 「言わせる・選ばせる・行動させる」をコントロールできる質問力

「聴く力」を発揮すればお客様の方から自発的に動いてくれる

営業があまりうまくいかないセールスマンの特徴として、「商品の特長ばかり自分がたくさん話す」という点がありました。

これ、うまくいかないのは、なぜだと思いますか？

細かい理由も挙げればたくさんあるのですが、何より、営業マンが「聴く」というスタンスを取ると、自然とお客様は「話す」スタンスになるというのがポイントです。「話す」ということは、自分の意思が言葉に宿ります。

つまり、**契約の意思をご自分で「決めた」と自覚**してもらえます。

これが**成約上、もっとも大切**なのです。

逆に、売り手側がある程度強引に話を進めていってしまうと、契約した後に「その場の雰囲気で契約してしまって後悔した」とか「やっぱりやめた」というケースが多くなります。

だから、自分ばかり話すセールスマンはうまくいかないのです。

聴く力、特に質問力を発揮すれば、お客様をあれこれ説得しようとしなくても、お客様の方から自発的に動いていただくことが可能となります。それによって、成約率がアップするだけではなく、好きなお客様とだけ付き合うことまでできてしまいます。

「自発的に動いていただく」というのは、具体的には**「言わせる・選ばせる・行動させる」**ということです。

ここでは、その方法をお伝えしていきたいと思います。

「言わせる」ためには、こう質問しよう

「言わせる」と言うと、一見言葉がきつく聞こえますが、ニュアンスとしてはお客様に

「自らの口で意識して意思を伝えてもらう」という意味合いです。

例えば、体験会でひと通り説明した後で「いかがなさいますか？」とお伝えした時に、お客様が考えている様子があったら、次のように伺っていきます。

「やることを決める上で、不安な点や懸念事項がありますか？」
「気持ちはやりたいと思っているけれど、何か障害になるようなことがありますか？」

ポイントは「やる」前提で、不安や課題をクリアしようとしている点です。「やるか、やらないか」を聴くのではなく、**「やる」前提で課題を聴く**と、やりたい人は答えを考えて伝えるでしょうし、やりたくない人はやりたくない理由を話すはずなので、そこをまた拾って課題をクリアにしていきます。

そのようなやり取りによって、お客様の意思をご自身で固めていってもらうことで、最後にはお客様の方から「お願いします」という言葉が出るようになるのです。

逆に、この意思決定を曖昧にしたまま「お家でお考えください」などとお帰りいただいてしまうと、せっかく盛り上がった気持ちも時間とともに冷めてしまい、「やっぱりいいか」「家族に言うのも面倒くさいし」「お金もないし」「時間もないし」などと「やらない理由」を考えてしまうので、成約しない確率が上がっていきます。

その場で意思を固めてもらいたいと思うなら、意思を固めてもらう話をして、その話をじっくり聴く必要があるのです。

「選ばせる」ためには、こう質問しよう

「選ばせる」という言葉には、「競合との検討であれば自社を選んでもらう」という意味合いもありますし、今決めてほしいのであれば「今ここで」という意味合いもあります。

例えば、ひと通り説明した後で「**いかがなさいますか？**」とお伝えした時に、「他社と検討したいのでもう少し考えたいです」と言われた時は、次のようにお伝えしていきます。

「こちらも合わせてのご検討ありがとうございます。もし差支えなかったら、当社にない点で、お相手の会社さんが良いなぁと感じている点を教えていただけませんか？」

「他社さんとの比較ご検討ですね。了解いたしました。ただ、一つ残念なことをお伝えさせていただかなくてはなりません。今ご案内しているものは、本日限定、人数限定の特別なご案内になります。明日以降でも構いませんが、その際には申し訳ありませんがお値段も変わりますし、人数に達したら締め切りさせていただく点だけご了承ください」

これによって、お客様に「自社を選ぶ理由」と「今ここで選ぶ理由」を考えてもらうのです。

この時のポイントは、他社の価格を聴きださないこと。

価格を聴いてしまうと価格競争に巻き込まれます。お客様が勝手に価格を言ってきて、あなたがその価格に合わせてでも契約を取りたいと思うなら、他社の価格に合わせてさげても構いませんが、**価格で話をする人は価格で離れていきます**。

また、価値を感じて契約したわけではないケースが多いので「クレームになりやすい」「長期的なリピーターになりにくい」ということもあり、私は他社を引き合いに出して値下げを言ってくるお客様には、「どうぞそちらへ」ということで、値下げをせずにお引き取りいただきます。

相性の問題もあると思いますが、価値よりも価格を重視する人は、あなたのサービスでなくても良い、という可能性が高いです。

「行動させる」ためには、こう質問しよう

質問することで行動させる、つまり、実際のアクションに変わるところまで誘導することも可能です。

言わせて、選ばせて、お客様の申し込みの意思が固まったように見えても、それだけではまだ成約とは言えません。申込書をいただき、ご入金をいただいて、初めて成約です。それまでは単なる口約束と変わりません。

そのためには、最終の段階で次のように伝えると有効です。

「では、こちらの申込書にご記入の上、ご入金をお願いします。○日までにお願いできますか？」

ここでのポイントは「期日」です。

申込書がその場で書けないということはよくあります。

その理由が、例えばご主人の了解が必要ということであれば、「いつご主人と話ができて結論が出そうか」をお客様ご自身に考えていただくのです。そうすることによって、実際にその通り行動していただける可能性が格段に上がります。

私がクライアントさんのお話を伺っていて感じるのが、この「期日設定」が弱い方が多いということです。

結果として、お客様が家に帰って話がまとまらなかった時に、言いにくいからとい

つまでも返事がもらえない、というケースがよくあります。

期日を決めておけば、仮にお返事がなくても、こちらから連絡して確認することもできます。変な話、その結果として決まらないなら、決まらなくてもいいのです。

問題は、ズルズルと待ちぼうけを食らうこと。これは時間の無駄ですし、決まったと勘違いして待っているところに不成約の知らせが入ると、ショックですよね。

「聴く力」があれば、そうした事態を防ぐこともできるのです。

お客様にも自分にも優しい「聴く力」

この章では、営業や成約のシーンで「聴く力」が大きな威力を発揮するということをお伝えしてきました。

とりわけ女性の個人事業主の方は、営業経験がない方がほとんどです。

それゆえ、「こんなこと言ったら引かれるんじゃないか」とか「押し売りに見えるかも」と自分で勝手に感じてしまい、伝えるのを躊躇する方も少なくありません。

しかし、あくまでも決定権は相手にあるのですから、自分がいくら考えても**「本心は**

相手に聴くしかない」のです。

もともと女性は「共感力」が優れている方が多いので、じっくりお話を聴いていれば、たいていの本心がわかります。

相手の方が「契約したいか、したくないか」ということも、使う言葉を聴いているだけでわかるようになります。

では、そうなると、どんな良いことがあるのでしょうか？

――あなたも、相手の方も、無駄な時間を費やす必要がなくなります。

欲しいと思っていない方にいくら時間を費やしても、お互いに疲弊するだけです。本当に欲しい人だけに説明をすればいい。要らないと思う人は、すんなり解放してあげるのがお互いのためです。

そのような時にも使える「攻めの傾聴力」は、自分にも他人にも優しいスキルなのです。

第2章

傾聴力を高めるキーポイントは質問力

1 集客力アップにつながる5つの質問力

お客様の本音は集客に役に立つ

もしも、あなたがビジネスを成功させたいと思ったら、何をするでしょうか？
最初に思いつくことは「集客」だと思います。
では、なぜ質問力が集客力アップにつながると思いますか？

――答えは、「**お客様の願望を叶える商品でないと売れないから**」です。

お客様の願望、すなわち心の中は、透視をして見えるものではありません。ただ、質問に答えてもらえるなら、かなりの核心に迫ることができます。そして、その〝本音〟を使えば、告知文章や導線設計など、集客の様々なシーンで役に立ちます。

ですので最初に身につけていただきたいのが、次の「集客力アップのための5つの質問」です。

①クローズドクエスチョンとオープンクエスチョン
②具体的な事例に基づく質問
③解決策を探る質問
④フィードバックを求める質問
⑤お客様と仲良くなるための質問

こちらをこれから解説していきますね。

クローズドクエスチョンとオープンクエスチョン

「**クローズドクエスチョンとオープンクエスチョン**」という言葉は、あなたも聞いたことがあるかもしれません。直訳すると「**閉じられた質問**」と「**開かれた質問**」です。

簡単に言うと、クローズドクエスチョンとは、相手にイエス／ノーで答えてもらう質問のこと。反対に、自由な回答を求めるのがオープンクエスチョンです。

このうち、特に意識してほしいのが「オープンクエスチョン」です。

例えば「どのように感じますか？」や「何がもっとも重要ですか？」といった「開かれた（自由な回答ができるタイプの）質問」は、お客様の心の奥深くにある欲求や願望を引き出す力を持っています。

自由な回答をしていただくことで、真の要望が理解できたり、あなた自身が想像もしていなかった答えから新しい顧客像を発見でき、集客の幅が広がったりします。

「開かれた質問」は意識しないとなかなかできないので、会話がすぐに終わってしまわない質問のバリエーションを増やしておくといいですね。

例えば、あなたが美容院のオーナーであれば、「どんなヘアスタイルにしたいですか？」ではなく、「理想のヘアスタイルを教えてください」と尋ねることで、顧客の具体的なイメージや好みをつかむことができます。

これにより、お客様にとって最適な提案が可能になり、満足度が高まります。

ただ、いつでも何でもオープンクエスチョンがいいわけではありません。

付き合いの長いお客様であれば、少ない言葉から察するという関係性も大事です。

その点は注意してくださいね。

具体的な事例に基づく質問

すべてのお客様が、オープンクエスチョンが得意なわけではありません。聞かれても何を答えていいのか困ってしまうタイプの方もいらっしゃいます。

そんな方には、具体的な事例に基づく質問をしてみましょう。

お客様の過去の経験や現在の状況に関する具体的な質問を通じて、その方の好みや価値観を深く理解することができます。


「以前に似た商品を使用した経験はありますか？」

「今、抱えている困ったことは何ですか？」


そんな質問は、お客様の言語化をスムーズにして、心の中をお客様自身が明確にできるので、それに応じたサービスを提供する手がかりとなります。

これがわかると、似たようなタイプの方の集客もやりやすくなります。

解決策を探る質問

お客様が今、困っていることを理解し、どのような解決策を求めているのかを探るための質問も重要です。

「どのようになったら嬉しいですか？」

「期待する成果は何ですか？」

そんな質問をすることで、お客様の具体的な要望を把握し、それを満たすための最適な提案ができます。

これは集客だけでなく、成約にも直結する質問です。この肝を外すととんちんかんな、提案をしてしまい、成約も逃してしまいます。

成約するということは、お客様が喜んであなたに寄ってきて、あなたの商品やサービスを購入したいという意思表示をすることです。

であれば、この質問によってお客様が一番欲しいことを理解しておくことは、とても大切だとわかっていただけると思います。

フィードバックを求める質問

商品は売りっぱなしだと、次の集客や成約に結びつきません。必ず、お客様のご意見や、改善点などを見つけて修正や改善をしていきましょう。

その時に必要な力が「フィードバックしてもらう質問力」です。

「今回体験したサービスはご満足いただけましたか？」

「もっとこうなったらいいのになぁという点があったら教えてください」

こんな質問は、体験した方からの直接的な意見を得ることができ、サービスの質を向上させるための貴重な情報源となります。

ここでのポイントは「すでにあなたのサービスを受けている」という点です。

お客様は、売り手側のコメントはあまり信じていません。

でも、自分と同じ視点の「お客様の立場のコメント」は信じます。

だから、お客様の声を聴く＝フィードバックをいただく質問が大事なのです。

人によっては、落ち込むからあまり聞きたくないという方もいらっしゃいますが、本当にいい商品を作りたいなら、多少辛辣なコメントでも真摯に聴く姿勢が大事です。

この内容を元に商品力を高めていけば、当然集客力も上がっていきます。

お客様と仲良くなるための質問

少し視点が変わるのですが、たくさん質問をしていると、お客様への理解度が増します。

すなわち「親密になれる」ということです。

人は自分に興味を持ってくれる人は好意的に感じるものです。

無関心な人よりも自分に興味を持ってくれる人の方が、好感度が高くなります。

例えば、私はコンサルタントですが、啓蒙活動としてYouTubeにお役立ち情報を日々アップしています。

なので、そのYouTubeをたくさん見て、印象的なコメントをつけてくださったり、質問をしてくださる方には対しては、どうしても好感を持ちます。真剣に見てくださっているのを嬉しく思うからです。

そして、そんな方には（現在は私の直接的なお客様ではない方であっても）ついつい無料でたくさんアドバイスしてしまいます。

それと同じことで、あなたがお客様の気持ちを知りたいと思って質問すること自体が、お客様にとって好ましく感じられる可

能性が高いのです。

質問は単に情報を得る手段ではありません。

お客様とより仲良くなり、信頼関係を作る手段でもあるのです。

親密になればその先の道に勝手につながる

そして、信頼関係ができ、長期的なお付き合いができれば、リピートや紹介も発生していきます。

私が長らくお付き合いさせていただいているビジネスパートナーは、人に好かれて仕事が勝手に入ってきているので、**集客要らずの集客**ができています。

彼らが普段からよく使う言葉があるので、こちらも合わせてご紹介しておきますね。

「僕にできることがあったら何でも気軽にお声がけくださいね」

「他にやってほしいこと、助けてほしいことはありますか？」

彼らは私に対しても、面倒くさがらすに、にこやかに爽やかにフォローの言葉をかけてくださいます。

この質問力は、ぜひ見習いたいですよね。

ここでご紹介した質問のうちあなたが、今まであまり使ってこなかったものなどあったら、ぜひこの機会にお試しください。

2 成約力アップにつながる5つの質問力

お客様は「未来」を買っている

「集客の質問力」の次は「成約の質問力」について見ていきましょう。

ビジネスにおいて、成約は最終的な目標です。

しかし、単に商品やサービスを紹介するだけでは、なかなか成約に至りません。

それはなぜなのか？

――答えは、お客様は、商品そのものを買っているわけではなく、**自分が得られる未来の喜びの姿を買っている**からなのです。

つまり、いくらスペックを伝えられても、お客様自身が「未来への希望」をイメージできない限り買わないのです。

では、どうすれば未来への希望をイメージしてもらえるのかと言うと、やはり質問力が鍵を握っています。

そこで、ここでは、未来への希望をイメージしてもらい、成約率を高めるための効果的な質問を紹介します。

①ニーズを明確にする質問
②関心を深める質問
③疑問や懸念を解消する質問
④緊急性を高める質問
⑤成約への最終的な質問

それぞれについて、詳しく見ていきましょう。

ニーズを明確にする質問

まず、最初に「ニーズ」という言葉を改めて解説させていただきますね。

ニーズとは、英語で「要求」「求めているもの」といった意味を持つ言葉です。ビジネスにおいては「相手が求めている理想的な姿や状態」を指します。

多くのビジネスはニーズをベースとして展開しています。人の不満や欠乏から生まれるニーズを満たすため、何かを提供したり、不安とのギャップを解消したりすることが求められているのです。

よく「ニーズ」と混同されがちな「ウォンツ」という言葉ありますが、**「ニーズ」が「目的」であることに対して、ウォンツは「手段」**になります。

例えば、「鍋が欲しい」という人がいたとします。この方のニーズは何だと思いますか？

――きっと鍋を使った料理をしたいんだろうな、ということは想像できます。でも、料理の種類によって、必要な鍋の種類も変わるはずです。

そこで「どんな料理をしたいのですか？」と聞いてみたら、その方が「太ってきたから、自炊をしないといけないと話を聞いたのだけれども、本当は料理が苦手で、作るのも面倒だからやりたくないんです……」と答えたとします。

この場合、お客様が「鍋が欲しい」と言っているのはあくまでも手段（ウォンツ）であって、目的（ニーズ）は「健康的に痩せたい」ということなのです。

そうなると、必ずしも鍋を提供するだけが正解とは限りません。例えば、次のような提案が可能です。
・簡単に扱えてヘルシーな料理が作れる鍋を紹介する。
・そもそも「太っているから自炊」と言われたことが原因なら、痩せる方法を探すのも選択肢になる。
・面倒でお金がある人なら、自分で作らないで自宅に出張シェフを呼んだり、体にいい外食店を探していくことだってできる。

もちろん、他にも色々と考えられますよね。

このように、質問によってお客様のニーズを正確に把握できれば、ドンピシャリの回答をお渡しすることで、ほぼ100%の確率で感謝されて商品を購入していただけます。ビジネス取引は、顧客のニーズを正確に把握することからスタートするのです。

そして、顧客のニーズを把握するためには、例えば次のような質問が有効です。

「具体的にどのような機能をお探しですか？」
「ご利用の目的を教えていただけますか？」

これらの質問は、お客様が何を求めているのか、どのような解決策を望んでいるのかを深く理解するための出発点となります。

それさえわかれば、商品説明の際にも、お客様が求める未来に関係する機能だけにフォーカスして伝えればいいので、すんなりわかりやすく伝えられます。結果として、成約率も高まります。

だからこそ、成約に直結する「ニーズを探る質問力」は、あなたにぜひ身につけてほしいスキルなのです。

関心を深める質問

次に、お客様の関心を深める質問について解説していきます。

お客様の関心を深め、商品やサービスへの興味を引き出すためには、次のような質問が効果的です。

「この商品を使うと、今、困っていることが解決しそうですか？」
「この商品を使うと、今までよりもずっと楽しくなりそうですか？」

扱う商品や業界によってお声がけの言葉が変わりますが、このような質問をすることで、お客様は自分のこととして想像をめぐらすことができるようになります。
すると、その商品の価値について、改めて考えたり、逆に質問をしてこられる方も出てきます。

そうしたやり取りの結果として、その方の未来が約束されるなら購入に至りますし、そうでもないと思われるなら購入されません。

ここで誤解していただきたくないのは、話を盛って大げさに興味をあおるように話すということではないということです。

話を盛って契約すれば、事実と違った時にクレームになります。その方だけで済めばまだラッキーですが、場合によってはその方の家族や友人知人にまで「あの商品は良くない」と喧伝されてしまいかねません。リスクが大きいのです。

だから、無理に買ってもらってはいけないのです。あくまでも自発的に購入していただくために、「気づきを与える」質問をするのがポイントです。

「気づきを与える」というのは、お客様に「その商品やサービスを使って喜んでいる未来の自分の姿を想像していただく」ということです。

疑問や懸念を解消する質問

お客様が商品やサービスに興味を持ってくださった後、すんなり購入が決まるならそれでもいいのですが、お客様が持つ疑問や懸念を解消することも、成約に向けてとても重要です。

そのためには次のような質問を通じて、お客様の不安を明らかにし、それに対する解決策を提供するといいでしょう。

「この点についてご不安はありますか？」
「どのような懸念がありますか？」

成約率が低い方は、このような場面で、お客様からネガティブなご質問をいただくのを嫌がります。

しかし、質問をさせないでお客様を返してしまうとどうなるでしょうか？

――はい、疑問や懸念がある商品は、絶対に買われません。

だから、お話できる時に、すべての疑問点をなくしておく必要があるのです。

その上で、初めて検討の土俵に乗ると思ってください。

逆に、こちらが「ご質問はありますか？」と言って「特に何もありません」と言われたなら、本来はそのまま「では、ご購入の手続きをいたしますね」という話をしてもいいぐらいなのです。

ただ、このように伝えると、「あ、いえ、すみません。家に帰って旦那に相談しないと」とか、「お金の工面をしないと、答えられません……」など、本当の答えが出てくることもあります。

そのように本当の障害がわかったら、また改めて、期限を決めて準備をしていただいて再度お話をすればいいだけなので、その状態をきちんと引き出すことが大事なのです。

質問ができない方は、このあたりも全部うやむやで結局、購入もされず話が終わるケースが多いです。

本質的な気持ちを確認するためにも「質問力」は大切です。

緊急性を高める質問

「人は、期限がないと動かない」ということをご存じですか？

私も、そうですね。期限のないものは後回しにしがちです。

成約という観点から考えると、期限というものは切り離せない要件になります。

いつでも良いものは決断する必要がないので、「後でいいや」となり、結果、忘れ去られてしまいます。

あなたもそんな経験ありませんか？

なので、お客様の買いたい気持ちに火をつけるためには、次のような質問が効果的です。

「この問題をいつまでに解決したいですか？」

「すぐにこのサービスを利用すればこのようなメリットがありますが、使わない場合、このようなデメリットがあります。どうなさいますか？」

これにより、お客様は自身の問題解決への緊急性を感じ、短い期間で決断しようと考えはじめます。

また、個数が限定なものであれば、それをお伝えするのも決断をする後押しになります。

いずれにせよ、あおる必要はありません。お客様が置かれている状況を客観的にお伝えして理解していただければ、後はお客様ご自身で考えはじめることになるので、こちらについても「気づきを与える」ということになります。

成約への最終的な質問

そして、最後の質問です。

これはどちらかと言うとお客様の意思確認のシーンで使われるものです。

私がよく**クライアントさんにお伝えしている魔法のフレーズ**です。

「いかがなさいますか？」

この言葉は、決断を促すフレーズですが、契約を強制するものではありません。「お願いします」「今回は見送らせてください」と、お客様に選択する権利があります。やんわり断る余地を残した言葉なので、女性にも使いやすい質問だと思います。

もし「お申し込みでよろしいですか？」という直接的な言葉で伝えると、もしもノーの場合は気まずい雰囲気が流れやすく、お客様は断りにくくなってしまいます。

「いかがなさいますか？」であれば、答えがノーであっても、そこまで答えにくくなりません。しかも、その理由をさらに聞いていけば、違う解決策も見つかる場合もあるので、成約率が上がります。

ここで大事なのは、「お客様を追い込まない」ということです。

ゆるく断る余地を残しておけば、今回購入に至らなくても、また違う時につながりやすくなります。

問いかけ一つで印象が変わることも覚えておいてください。

お客様のニーズと懸念に対する解決策を提供する

以上のような5つの質問を投げかけて、お客様の真意をしっかり聴くことで、ビジネスの成約率は大幅に向上させることができます。

ビジネスを成功させるためには、お客様のニーズと懸念を理解し、それに対する解決策を提供することが早道です。

その根幹を担うのは、**質問力と傾聴力**。

これにより、お客様に対して深く理解し、信頼関係を築き、ビジネスの成果を最大化することができます。それぐらい「聴く耳を持つ」ことはインパクトが大きいスキルなのです。

3 質問力を磨くための日常生活5つのレッスン

質問力は日々の生活の中で磨ける

質問力はビジネスシーンだけでなく、日常生活においても非常に重要なスキルです。日常生活でもちょっと気にとどめてみるだけで、見える世界が変わります。結果として、ビジネスでのお客様の気持ちも深く感じることができるようになり、色々とお得な場面が増えるので、日常のスキルとしてぜひ取り入れてみるといいでしょう。

そこで、こちらでは、日々の生活の中で質問力を磨くための5つのレッスンを紹介します。

①ブログ（日記）を使った思考の深堀り

②友人や家族との対話での質問
③読書で質問力の向上
④映画やドラマで質問スキルの強化
⑤自分の趣味を自分で分析してみる

それぞれについて説明していきますね。

ブログ(日記)を使った思考の深堀り

文章が苦手な人もいらっしゃるかもしれませんが、やはり、自分の内観がそのまま他者への慈しみや理解につながるので、できる方にはおススメしたいのが文章を書くことです。

毎日でなくてもいいです。

自分の心が動いた瞬間の気持ちを文章化すると、自分の思考の整理にもなります。

ちなみに私は起業当初、毎日1000文字レベルのブログを2年書き続けましたし、その後も3日に1度程度にペースダウンはしましたが、12年で8000記事ほどブログを書いています。

そして、そのブログから私の思想に共感して、コンサルを依頼してくださった方も少なくありません。

その際、その出来事に関する質問を自分自身に投げかけてみましょう。

「心が動いたこと」であれば比較的書きやすいと思います。

例えば、次のような感じです。


「今日は何が嬉しかったのか？」

「なぜその出来事が自分にとって重要だったのか？」


自分自身への質問を通じて、自己理解を深めることができますし、同時に他者への深い理解につながります。

結果として、他者に質問する能力を養うための基礎となっていきます。

質問が苦手な人は、物事をどのようにとらえるのかという思考の柔軟性が低くなってしまっているケースが多いので、まずは自分自身の思考をゆるめるためにも内観がおススメです。

友人や家族との対話での質問

家族の日常の会話、あなたはいかがでしょうか？

ちなみに私は自慢できたものではないのですが、ものすごく活発に会話をする夫婦ではありません。

しかし、たまに一緒に飲みながら彼の最近の近況を聴く時など、やはり質問力が発揮されますね。

私は自分で事業をしているので、他者の用事に巻き込まれることは少ないのですが、主人は会社員なので、色々と不測の事態が起こることもあります。

そんな時に、その物事をどのようにとらえたか、という質問をしながら話を聴いていくと、話しただけでスッキリすることもあるようです。

私も普段は、あまり話をゆっくり聴けていないので、そういう時に改めて彼の感覚を聴くようにしています。

「その時にどう思ったの？」

「相手の方は、どういう行動を取ったの？」


そんなふうに、自分の頭の中で話を映像化していく上で気になった部分を質問していくと、より詳細に話を進めてくれるので、状況が把握しやすいですね。

もちろん相槌だけでもいいのですが、話がさらに前に進むように流れを止めない質問ができると、コミュニケーションがうまくいきます。


こういう時にはあまり、自分の意見を言いすぎないのもポイントです。

意見を求められたら伝えますが、通常は「話すだけで満足できる」「共感があるだけで納得できる」ケースも多いので、私は聴き手になることが多い感じです。

相槌力と質問力をセットで磨くことができるのが家族との対話ですね。

ちなみに私は結婚後30年近くほとんど声を荒らげて怒ったことがないのですが、それもきっと、自分のことも相手のことも客観的に見ているからなのではないかと思っています。

読書で質問力の向上

今こうして本を書いているから言うわけではないのですが、やはりあなたには、本を読んでほしいと思います。

教室の先生も含めて、個人事業主には「本をほとんど読まない」方が多いように感じています。実際に月に何冊ぐらい読むかという話を伺ったこともあるのですが、読む方でひと月に1冊、読まない方だと数カ月に1冊、というレベルでした。

本を読むメリットはたくさんあるのですが、特に、本の内容から感じたことを書いてみるというのは、質問力を伸ばすのに役立ちます。

なので、本を読む際には、登場人物の行動や動機に関しての質問を自分自身に投げかけてみてください。

「この人はなぜ、こんなことを言うのだろう？」
「この人はなぜ、こんな行動をするのだろう？」

そんなふうに考えながら読むだけでも、多様な考え方に触れることになり、物事の背後にある動機や理由を理解するための質問力を養えます。

主人公や作者の気持ちになって考えた時に、共感できることも多いかもしれませんが、逆に共感できない時の方がためになるかもしれません。

「なぜ」という言葉が自然と頭に出てくるようになれば、実際に自分と違う考え方をするお客様と出会った時にも、質問がすらすらと出てくるようになるはずです。

映画やドラマで質問スキルの強化

本が苦手な方は映像でもいいと思います。

映画やドラマを観る時、登場人物の決断や感情と、自分が感じる感情を比べます。

中には理解しがたい行動を取るような登場人物もいるでしょうし、一見すると良い人に見えるのに物語の終盤で悪人に変わるようなケースもあるでしょう。

そのような人物の生き様の背景や、その時の感情を理解することは、ビジネス上でも「お客様がなぜその発言をしたのか」という背景を理解する視点を養います。

ビジネスでは「お客様の感覚とあなた自身の感覚は違う」ということを前提に、お客様の気持ちを理解する努力が必要になることがあります。

そんな時、お客様が目の前にいて話を聞ける状態なら、質問によって、欲しい答えを聴きだすことができます。目の前にいない場合には想像になってしまいますが、普段から自分の理想のお客様とよくお話していると、行動パターンが見えてくるので、感覚が大きく外れることは少ないです。

この状態になってくると、イベントやレッスンや講座や商品企画を作っても、外す確率が低くなります。**当たる企画が多いなら当然、集客もしやすい**です。

だから、質問力がアップすると、集客力も成約力も上がるというわけなのです。

自分の趣味を自分で分析してみる

自分が趣味でハマっているものに対して、自問自答してみるのもいいかもしれません。

「なぜ、その趣味を始めたのか」
「どこが楽しいポイントなのか」
「なぜ、何年も続けていられるのか」

自分で自分を理解するためにも効果がありますし、いったん棚卸をしておくと、自己紹介の時にも役立ちます。

また似たような趣味の人がいる時には、自分が自分にした質問を覚えていれば、同じ質問をすればいいので、聞き上手になれるでしょう。相手の人と同じ土俵で話ができる内容があると、非常に話が盛り上がり、その方との距離も一気に近くなります。

何にでも興味や関心を持つのが大切

「話し上手は聞き上手」という言葉があります。

話の上手な人は、実は人の話を聞くのが上手なので、相手に応じた説得力ある話ができるということです。

相手を説得できるということは、営業のシーンでも強力な武器になります。

だからトップセールスは自分が話すよりも、相手に話をさせて、本音を聴きだして上手に話をまとめるのでしょう。

身につけたい能力の一つですよね。

ここでご紹介したのは、日常のレッスンの一例ですが、何でも興味や関心を持って物事を見るだけで、洞察力と質問力が磨かれます。

日常の様々なシーンで質問力を意識的に磨くことにより、対人関係やビジネスにおいてもより良い結果を得ることができるようになるでしょう。

4 質問力を高めると「好きなお客様」とだけ付き合える

好きなお客様は理想のお客様

ビジネスを行う上でよく聞くのが「理想のお客様」という言葉です。

いわゆるマーケティング（売れる仕組み）の用語で言うと、「ペルソナ」と呼ばれたりもします。ペルソナとは、あなたの商品やサービスをご利用くださる理想的なお客様像のことを言います。

わかりやすく言うと、あなたにとって「好きなお客様」だと思ってください。

同じビジネスをするなら、めちゃくちゃ喜んでくださる方とお仕事できた方が、こちらも楽しいし、お互いに良い相乗効果が期待できます。

お客様が喜んでくだされば、口コミなども期待できますので、ビジネスのスタート時に「好きな方」と付き合えるという状況を作り出せるのは、とても大切なことだと感じています。

では、その「好きなお客様」と付き合うために、なぜ質問力が大切なのか、その点をお伝えしていきますね。

質問力でお客様の本音を引き出す

あなたのビジネスとお客様との相性を見る場合に、お客様の本音を聴くことができるなら、相性が合う方とだけ付き合うという選択をすることもできます。

例えば、私が過去行っていたパン教室の実例でお伝えしましょう。

私のパン教室は、年齢が少し高めの方を対象にしていました。中上級者向けの内容になっており、手ごねではなく、機械でパン生地をこねる機械ごねをメインで教える教室でした。

「プレゼントするために」ということを目的にした材料と形を特徴に、7つのバラエティに富んだ天然酵母を活用する、他にはない特徴を持ったパン教室でした。

この教室のレッスンに対して、30代子育て中、手ごねを中心にパン作りをしている方から問い合わせがありました。

「私普段は手ごねなのですが、レッスンに参加できますか？」というものです。

さて、あなたが私のパン教室を運営しているオーナーだったら、この質問に対してどんな答えをお返ししますか？

あなたも少し考えてみてください。

当時、私が返したのは次の質問でした。

「私の教室のどんなところに興味を持っていただけたのですか？」

彼女の答えは、こうでした。

「とにかく見ているだけでも素敵なパンばかりで、ＷＥＢサイトを見ているだけでもワクワクしました！　私もこんなパンを作りたいって憧れて。でも、私はニーダー（パンをこねる機械）を持っていなくて、いずれ買ってもいいかなと思ってはいるのですが、今はないので、参加できるかどうかを聞きたかったんです」

あなたがそのお客様と付き合いたいかどうかは、あなたが決められる

結果として、私はその方に、次のようにお伝えしました。

「レッスンはあくまでも機械ごねでカリキュラムが組んであるので、仕上がりを覚えてもらって、自宅でそれを手ごねで再現してもらうことになります。そのための手ごねのポイントはお伝えできます」

「欲しくなったらニーダーは買ってもらってもいいし、買わなくてもついていけると思うなら、買わなくてもいいですよ」

彼女は内容を理解して喜んで申し込みをくださいました。

この流れの中でのポイントは、「手ごねでもレッスンに参加可能か」ではなく「私の教室や私のパンが好きかどうか」を質問したことです。

通常、機械こねで生地作りを進めるなら、手ごねの人はレッスンについてきにくいのです。だから、もしも、この方の私の教室への参加動機の熱量が低かったら、私は「機

械こねで進めるので難しいです」とお答えしたと思います。

しかし、私のパンを愛してくださって、習いたいと思ってくださっている熱量に対して、私はこの方が単純に「好き」だと思いました。だから、入会できるような条件をお伝えしたのです。

質問力を磨き、お客様を育てることもできる

つまり、私の方にお客様を選ぶ選択権があったのです。

そして質問によって、私にとっての理想のお客様（私の教室とパンが好きで習いたいと熱望くださる方）かどうかを確認して、お答えしているのです。

このように、**質問力があれば、あなたの理想のお客様をあなた自身が見つけ出すこともできる**ようになります。

先の例で言えば、私のパンを愛してくださる方には、なるべく多く教えて差し上げたいという基本スタンスがあったので、それに合う方がどうかを質問によって確認したということです。

お客様の中には、実はご自身の本音がよくわかっていない方も多くいらっしゃいます。

そのような時には、こちらが質問をすることで、お客様が自分自身の本音に気づき、あなたの優良なお客様に変化することもあります。

あなたの価値観を見つめなおすためのチェックポイント10個

なお、ここまでの話でわかるように、あなたが理想とするお客様と出会うためには、まずあなた自身のビジネスの軸や、どんな人と付き合いたいか、どういう人が好きなのかを整理する必要があります。

付き合いたい人、付き合いたくない人を明確にした状態でお客様とお話をすれば、自然に「この方は好きだな」と見えてくるようになり、その答えを知るための質問が思い浮かぶようになります。

主に価値観を共有できるかどうかが判断基準です。

つまり、あなた自身の価値観を見つめなおすことが、実は理想のお客様を引き寄せる大切な第一歩になります。よかったら、ぜひ次の10個のチェックポイントで、あなたの価値観を見つめなおしてみてくださいね。

①**ビジネスの目的と使命**（ミッション）……あなたのビジネスを通じて達成したい目標と、そのための使命は何か。

②**提供価値**……あなたの商品やサービスを通じてお客様に提供したい価値や体験は何か。

③**情熱**……あなたがビジネスにおいて情熱を感じる分野は何か。

④**成功の定義**……あなたにとってビジネスにおける成功とはどのようなものか。

⑤**お客様との関係**……理想的なお客様とどのような関係になれば嬉しいのか。

⑥**コミュニケーションスタイル**……あなたはどのようなコミュニケーションが好きか。

⑦**働き方**……理想的な働き方やビジネスの運営方法はどのようなものか。

⑧**自分の強みと弱み**……自分のビジネスにおける強みと弱みは何か。

⑨**お客様の反応**……お客様のどのような反応が一番嬉しいか。

⑩**倫理観と価値観**……ビジネスを行う上でのあなたの倫理観や価値観は何か。

価値観を見つめなおすための
チェックポイント

1 ビジネスの目的と使命（ミッション）

2 提供価値

3 情熱

4 成功の定義

5 お客様との関係

6 コミュニケーションスタイル

7 働き方

8 自分の強みと弱み

9 お客様の反応

10 倫理観と価値観

5 質問上手の原点は人への興味と好奇心

人は話を聞いてもらえるだけで好感度がアップする

さて、突然ですが、あなたに質問です。

あなたが思う「モテる人」ってどんな人だと思いますか？

――もちろん基準は色々とあると思いますが、必ずしも顔が良いだけでモテるわけではないですよね。

では、男女に関わらず共通のモテ要素、それは何でしょう？

それは「話を聞いてくれる人」なのです。


あなたにも経験がありませんか？

自分の話を相槌を打ちながらニコニコと楽しく聴いてもらえれば、誰しも幸せな気分になるものです。なんなら、その人のことを好きになってしまうぐらいのインパクトがあることもあります。

それぐらい「聴く力」は絶大ですね。

人は自分の話を真剣に聴いてくれる人のことが好きです。

なぜなら、自分のことを認めてもらっている気持ちになり、心が満ち足りるからです。だから話を聴いてくれる人のところに人が集まります。

だから、あなたがモテたかったら（集客したかったら）、まずは「人に興味を持つこと」が大切です。

好奇心をビジネスに応用しよう

ビジネスにおける質問力の基礎は、恋人になりたてのころのような、人への興味と好奇心にあります。この感情をビジネスに活かすことで、お客様に対する理解を深め、より親密な関係を築くことができます。

大好きな人と恋人になりたてのころをちょっと思い出してみてください。相手についいてもっと知りたいという強い好奇心を持ちませんか？

これと同様に、ビジネスのお客様に対しても、その人が何を考え、何を望み、どのような経験を持っているのかといった好奇心を持つことが重要です。お客様一人一人に真剣に興味を持ち、話を聞くことで、より深いレベルで理解することができます。

ちなみに私は、お客様が面白いことを発言したら、すぐに突っ込みたくなるタイプです。「なんでそう考えるんだろう？」と興味を持ち、質問してしまいます。

すると、さらに突っ込んだ話を喜んでお話くださるお客様が多いですね。

その質問の中から思いがけず大きな宝物を見つけられることも多いので、単純に私は人に（その人の思考に）興味を持つタイプなのだと思います。

そしてそれが楽しいと感じています。

好奇心が深い質問を生み出す

人への興味と好奇心は、表面的な質問を超えて、より深い質問を生み出します。その人の気持ちを深く知りたいと思うなら、表面的な答えからさらに深い質問を展開することができます。

例えば、お客様に「**3ヶ月で痩せたい**」という望みがあったとしたら、次のことはすぐに聴きたい質問になります。

「なんで3ヶ月なの？」
「どうして痩せたいの？」
「何キロ痩せたいの？」
「痩せるためにどれだけの時間を取って頑張れそう？」

そして、こうした質問によって、例えば「**恋人とバースデーを祝う旅行先で素敵なドレスを着たい**」ということがわかったら、さらにこんなことも確かめます。

・目標体重の適正値
・痩せなくても細く見えるドレスならあり？
・体重が落ちなくても体が締まればいい？
・そもそも本当に恋人は痩せることを喜ぶのか？

このように色々な話を伺ってゴールを決めて、願望実現のために、自分が提供する商品やサービスが使えるかをアドバイスしていきます。

ここで着目するべきは、「もしかしたらあなたの商品が、下手をすると売れなくなる」ことになるかもしれない質問も入っている点です。

それでも、私はその人が本当に望んでいることを潜在的な欲求も含めて理解して提案したいと考えているので、そういう質問をするのです。

結果、私の商品ではなく、他社の商品がいいと思ったら、そちらをご案内するでしょう。

好奇心を持った深い質問は、お客様の表面的なニーズだけではなく、その方の深い悩みや欲求を理解するための出発点となります。

好奇心を持続させる工夫も大切

そして、恋愛と同様に、ビジネスでも好奇心を持続させることが重要です。

お客様との関係が長く続くほど、長年付き合っている方の新しい情報や変化に注意を払うことが大切です。お客様の成長や変化に合わせて質問を進化させ、常に新鮮な関心を持ち続けることが求められます。

つまり、お客様と良いお付き合いをするためには、人間的にもビジネス的にも自分自身の成長が必要ということになります。

いかがですか?

あなた自身もお客様も成長していますか?


ビジネスの成功の鍵は「長期的なリピート」です。長期にわたる関係の構築にも「ワクワク」は欠かせません。

自分自身にワクワクと好奇心があって、お客様に興味を持って質問をし続けることができる人は、長期的にビジネスが成功しています。


もしも、あなたが「今までそんなにお客様のことを考えてこなかったかも?」って思ったら、ぜひ、恋愛して盛り上がっている時のことを思い出してみてください。

相手のちょっとした仕草、言葉、「何を考えているんだろう」と四六時中考えていた時のあの感覚。

そのエッセンスを、少しでいいので、ぜひビジネスにも取り入れてみてくださいね。

どうして
痩せたい？
何キロぐらい
痩せたい？
なんで
３ヶ月なの？
どれぐらい
がんばれる？
３ヶ月で
痩せたいの！

第3章

攻めの傾聴3原則は「言わせる・させる・選ばせる」

1 お客様に「言わせる」ために必要な質問力 3つのポイント

お客様に本音やニーズを話すよう促すプロセス

ビジネスにおける攻めの傾聴では、最初のステップとしてお客様に「言わせる」ことが重要です。

これは、お客様に本音やニーズを話すよう促すプロセスです。

もしかして「言わせる」という言葉だけ聴くと、少し高圧的な、上から目線のような感情を抱く方もいらっしゃるかもしれません。

しかし、ここで使っている「言わせる」は、相手に強制するという意味ではありません。あなたが話をする分量よりも、相手に話していただく分量を増やすという意味合いでの「言わせる」です。

私が提唱する「攻めの傾聴」では、受け身で待っているだけではなく、積極的に聴くことにより、集客ができたり、企画を作ったり、成約ができるようになります。そのためには、**お客様に「言わせる」→「させる」→「選ばせる」の3ステップ**が必要です。

ここでは、その第一弾として「言わせる」ためにはどんな質問力が必要かを伝授します。

このステップを成功させるためのポイントは、次の3つです。

①オープンクエスチョンを活用する
②共感と理解を示す相槌
③質問のタイミングと配慮

それでは、それぞれのポイントについて、詳しくご説明しましょう。

オープンクエスチョンを活用する

お客様に本音を語ってもらうためには、オープンクエスチョンが効果的です。これは第2章でも触れましたが、単に「はい」または「いいえ」で答えられる簡単に終わってしまう質問ではなく、お客様が自分の考えや感情を詳細に話す余地を与える質問です。

例えば、こんな質問が該当します。

「このサービスを使ってどんなことが叶ったらうれしいですか？」
「どんな問題を解決したいと考えていますか？」

これにより、お客様は自分の思いや願いを自由に表現することができます。

女性は、オープンクエスチョンが苦手な方が多い傾向にありますが、ご自身が意識しながら言葉を使うようにすると、だんだん上手になっていきます。

ちなみに私は、講座の申し込み時に受講動機を書く欄を設けていますが、最近、その枠に一言「どんなに長くなっても構いません」と書き加えました。

これを追加で書き加えるようになってから、かなりの長文を書いてくださる方が増えたので、事前の面談で状況が詳しくわかった上で、面談できるようになりました。

悩みの質と深さが事前にわかれば、それに合わせたこちらの答えを用意できます。結果、ご満足とご納得をいただけるので、成約率がかなり上がり、自分が入会してほしいと思う方は、ほぼ100％に近い確率で入会してくださるようになっていきました。

共感と理解を示す相槌

お客様が心を開き、話をしてくれるためには、共感と理解を示すことが大切です。

お客様の話に耳を傾け、共感を示し、理解を深めることで、信頼関係を築けます。すると、お客様はあなたのことを「自分の話に真剣に耳を傾けてくれる人」と感じ、さらに多くの情報を伝えて共有しようとしてくれます。

共感を示すためには、例えば、こんな言葉が効果的です。

「それは大変でしたね」

「その気持ち、よくわかります」

ただし、ここで本当に心から共感していないのに「それは大変でしたね」と言うと、それは空々しい言葉としてきちんと相手に伝わってしまいます。心が思ってもいないことは言葉で取り繕ってもきちんと相手に伝わってしまうので注意が必要です。心にもないことなら言わない方がマシです。

でも、もしももっと人の気持ちを理解したいと思うなら、**感受性を豊かにすることで、感じる力・共感力も上がります。**

感受性を豊かにするには、自分が好きなものや、相手の方が好きそうなものを積極的に見たり、感じたり、体験することで自分の枠が広がります。特に自分が見てこなかったものを見るには良いチャンスになるので、ぜひお試しください。

質問のタイミングと配慮

お客様に話していただくための質問は、適切なタイミングで行うことが大切です。

また、質問の仕方にも配慮が必要です。

お客様がリラックスしている時に、軽い話題から始めることが効果的。

例えば、次のような感じです。


「最近、楽しんでることって何かありますか？」


特にこのような趣味の領域などはイキイキとお話くださる方が多いので、その後の親密な関係構築にもとても良い内容だと思います。

軽めの話題で盛り上がって、共感度合いが上がると、その後の重要なビジネスの話もその温度感で進んでいくので、商談がうまくいきやすいです。

それぐらい人は感情に左右されるものなのです。

だとすれば、まず先にお話をしてもらいやすいテーマを振って、相手の方から、心地よい気持ちになってもらうという環境を作るのも、傾聴の大切なテクニックです。


このような、お客様に「言わせる」ための質問力は、ビジネスにおける攻めの傾聴の基礎を形成します。

これらのポイントを実践することで、お客様は本音やニーズをオープンにしてくださり、あなたとの関係がより深いものになります。

お客様の本音を引き出すことは、結果として長期的なビジネス関係の構築と成功につながる大切な要素なのです。

2 お客様に「させる」ために必要な下準備 3つのポイント

人は信頼している相手の話には耳を傾ける

2つ目のステップは、お客様に「させる」です。

こちらも「言わせる」と同様に、強制力が強く感じるかもしれませんが、「お客様に行動していただく」というニュアンスで「させる」と表現しています。

この場面では、お客様が自ら進んで行動に移るための環境を整えることが重要です。

そして「環境を整える」とは、つまり、信頼関係を構築するということ。

例えば、あなたが家族にビジネスの相談をして、反対されて反発したとします。しかし、その後に経営コンサルタントから同じ内容のアドバイスをされたとしたら、それに反発するでしょうか？

おそらく反発ではなく、意見を受け入れることができるはずです。
なぜならば、あなた自身が信頼してお金を払っているコンサルタントの意見だから。
つまり、人は信頼している相手の話であれば、耳を傾けるのです。
だから、お客様に「させる」ためには、あなたを信頼してもらうことが必要なのです。

お客様に信頼していただくための具体的なポイントは、次の3点です。

①期待を超えるサービスの提供
②モチベーションの理解
③行動計画の提示

では、それぞれのポイントについて、具体的な質問例と行動に結びつける方向性をお伝えしましますね。

期待を超えるサービスの提供

あなたが、お客様の期待を超えるサービスを提供すれば、お客様もあなたを信頼し、その行動に応えようとしてくれます。

そのためには、例えば次のような質問が有効です。

「今回のサービスで特に重視しているポイントは何ですか？」

お客様が重視しているポイントがわかれば、その基準値以上の提案がしやすくなります。そうすると、成約に結びつく確率も上がります。

モチベーションの理解

モチベーションの理解、つまり、お客様がどのようなことに興味・関心を持っているのかがわかれば、お客様の喜び度合いが高い提案ができます。

そのためには、例えば次のような質問が有効です。

「この商品・サービスに興味を持ったきっかけは何ですか？」

「この商品・サービスでどんなことを叶えたいですか？」

このような質問を通して、お客様が心に刺さるポイントを理解できたら、後は商品・サービスが持っている特性を活かして、お客様の叶えたい未来が手に入る物語を語ります。それによってお客様がモチベーションアップすれば、そのまま購入へ向かう可能性も上がります。

行動計画の提示

行動計画の提示とは、お客様の目標に向けたステップのプランを考えるということです。

そのためには、例えば次のような質問が有効です。

「何か躊躇している点、懸念事項はありますか？」

「私がお手伝いできることはありますか？」

本当に躊躇している点や懸念事項があるなら話をしてもらえるはずです。

そして、懸念が払拭できるなら、そのまま成約になるケースもよくあります。

ここで、そこまで相手が乗り気でないのであれば、単なる冷やかしの可能性もあるので、そんな時はさらりとやり過ごしましょう。

このような質問を通して相手の本音を聴くことで、お客様に「行動してもらう」、すなわち「させる」ことができるようになります。

売り込みなしで成約したいなら、相手に自ら動いてもらうのがおススメです。そのためには動くための理由づけを、あなたがして差し上げる必要があるのです。

3

お客様に「選ばせる」ために必要な話し方3つのポイント

自ら選べば成約率も満足度も高くなる

あなたは、お客様に選択をさせていますか？

売れないセールスマンは1択、つまり「自社の商品・サービスの良さだけ」を伝えることで成約させようとします。これは逆効果です。

たとえあなたが「このお客様には絶対この商品がいい」と思っていたとしても、お客様が自らの意思で選んだと思っていただけるように、あなたは選択肢を用意する必要があります。

1択だとこちらからの押し売り感がありますが、2択以上になると、お客様に「自ら選んだ」と思っていただけるので、非常に成約率も満足度も高くなります。

敢えて選択肢を与えて「選ばせる」ということも、ぜひ意識していただきたいと思います。

その際のポイントは、次の3つです。

①複数選択肢の提示
②メリットとデメリットの明確化
③質問による導き

それぞれのポイントについて、詳しくご説明しましょう。

複数選択肢の提示

松竹梅の法則をご存じでしょうか？

商品やサービスを顧客に提示する際に用いられる販売戦略の一つです。

この原理では、3つの異なるレベルや価格帯の選択肢を提供します。一般的に、松は最高級品、竹は中級品、梅はもっとも手頃な価格の品を指します。

この方法により、お客様は自分のニーズや予算に合わせて最適な選択をしやすくなります。

また、いくつかのオプションを提供するという方法もあります。ベースとなる基本商品に追加できるオプションをいくつか提示し、お客様に自分に合ったオプションを選んで追加してもらうわけです。

それにより、お客様は自分に最適な選択ができます。

このように、お客様が自らの意志で選べるように選択肢を与えることで、単に成約率を高めるだけでなく、さらなる売り上げアップも狙える提案が可能になります。

ぜひ積極的に覚えていきたい話法です。

メリットとデメリットの明確化

複数の選択肢を提示する際には、各選択肢のメリットとデメリットをきちんと伝えることで、お客様はより多くの情報に基づいた意思決定が可能になります。

ここで重要なのは、バランスの取れた情報を提供し、公平なアドバイスをすることです。特定の商品だけに肩入れした情報よりも、より誠実な印象を与えます。

売れないセールスマンはデメリットを隠そうとしますが、それはNGです。どんな商品でも、その方に合わせたメリット・デメリットがあります。決して商品そのものが悪いわけではなく、その方にとってのメリット・デメリットを伝えるだけなのです。

これをきちんと伝えることで、お客様は信頼感を持って選択を行うことができます。その結果、成約もしやすくなりますし、購入後のクレームも減ります。この点は理解してください。

もちろん、こういった話をするためには、まずはあなたが自社商品の相手から見たメリット・デメリットを理解する必要があります。その上で、納得して選べる選択肢を与える必要があるのです。

質問による導き

選択肢を提示する中で、お客様が何を重視しているかを理解するための質問も行いましょう。例えば、次のような質問です。

「決定のためにもっとも重要なことは何ですか？」
「予算がまったく関係なかったら、どんな機能が欲しいですか？」

このような質問を通じて、お客様自身が最適な選択に気づけるよう導くのです。よく、お客様には他の選択肢を与えると迷って決められなくなってしまうのではないかと思い、１択だけで提案する方もいらっしゃいますが、基本的にお客様は「自分で選びたい」のです。

だから、選んでいただくための選択肢をこちらが用意します。

そして、質問をしながら着地したい場所に落ち着くように話を誘導するのです。

ただ、一つだけ注意点をお伝えすると、選択肢が多すぎてもお客様は選べなくなるので、3択レベルが良いと実感しています。

以上、こちらの項では、お客様に行動していただくための質問、導きについて解説していきました。

行動、すなわち成約の意思決定においては、質問力で自分が望む着地点に誘導することも実はさほど難しいことでもありません。必要な視点は、「お客様が自分の意思で動くように導く質問と傾聴」です。

ぜひ現場で実践して試してみてくださいね。

4　攻めの傾聴力のポイントは「物語」を創ること

相手が感情的に納得できる物語を創り出す

ここまで説明してきたように、傾聴は、単に相手の話を聞くだけではなく、こちらが積極的に質問することとセットになっているという点がポイントです。

そうすることで、傾聴は、相手が感情的に納得できる「物語」を創り出す力を持ちます。

例えば営業の場面において、攻めの傾聴力を発揮することで、お客様をあなたが望む結論に導くことが可能になるのです。

これって素敵なことだと思いませんか？

以下に、傾聴を通じて効果的な「物語」を創り出すための3つのポイントを紹介します。

①お客様のニーズに基づいたストーリーの構築
②感情的な共感を呼び起こす
③目的へ導く質問で物語を作る

それぞれのポイントについて、詳しくご説明しましょう。

お客様のニーズに基づいたストーリーの構築

お客様のニーズや願望を深く理解することで、感情に響くストーリーを構築します。

例えば、次のような感じです。

- **状況**：ある女性がパーティに行くために痩せたいと考えている。
- **物語**：そのパーティでどんな服を着ていきたいのか、その服はどんなデザインで、どんな色か、その時に出席している仲間にどういうふうに思われたいのかを聴く。そして、「その服を着るために痩せる」という動機づけへと誘導する。

このように、傾聴を通じて得た情報を元に、お客様が理想とする未来や解決したい問題に対して物語を作り、共感できる内容を創りこんでいきます。

感情的な共感を呼び起こす

お客様が抱える問題や悩みに対して深い共感を示し、その感情を物語に織り交ぜます。例えば、次のような感じです。

- **状況**：売り上げが低迷して落ち込んでいる事業家さんへアドバイス。
- **物語**：自分自身も同じような時期に、売り上げが低迷して、落ち込んで焦って苦

しんだという過去のエピソードとともに、自分がそこからどのように脱却して回復していったかという実体験を話す。

人は、自分の感情や経験が反映された話に強く惹かれます。そのため、お客様の感情に訴えかける要素を物語に取り入れることが重要です。

目的へ導く質問で物語を作る

傾聴中に質問をする際は、物語の方向性を意識したものにします。お客様が自らの答えや解決策を見つけられるように導く質問を行い、お客様ご自身が物語の主人公となるように設計するのです。

例えば、次のような感じです。

- **状況**：お客様がマンションを全面改装したいと思っている。
- **物語**：・なぜ今回全面改装したいのか、その動機づけの確認
　・最優先するべき事項はどこにあるのか

・叶えたい願いと望みは何なのか
・あなたの会社ではどのような方法で実現できるのか
・自社ではどうしても実現できないことがあるならそれも同時に伝える
・お客様が最優先したい事項があなたの会社なら叶う＆一緒に作り上げられることを伝えることで、着地させたい方向性に誘導する

これにより、お客様は自分自身の問題解決や夢が叶うことへのイメージをはっきりと理解できるようになります。

もちろん、その方向性はあなたが着地させたい方向性でもあります。

単なる成約を超えた深い信頼関係を構築しよう

以上のように「攻めの傾聴力」を駆使することで、あなたはただの商品提案ではなく、お客様の心に響く物語を提供することができます。

これは、単なる成約を超えた深い信頼関係を構築し、継続的な関係性も築けます。

ちなみに、私は会社員生活5社で営業職22年の経験がありますが、どの会社にいる時でも、この「傾聴力」で売り込みなしで成約する実績を上げていました。

攻めの傾聴力は、実は、より深い信頼関係を創ることもできる、素晴らしい武器でもあると実感しています。

第4章

企画・集客・成約に活用する魔法の傾聴力

1 企画のヒントが欲しい時の5つの質問

お客様の声の中から企画のヒントを見つけ出そう

あなたが新商品や新サービスを創る時には、お客様の声を聴くことがとても大切です。

あなた自身がいくら「これはいい！」と思っても、肝心のお客様の心に響くものでなければ、その企画はヒットしません。

そこで、商品開発に活かすための具体的な質問ポイントを5つご紹介しましょう。

①現在の課題や不満点
②お客様の理想とする解決策
③類似商品の経験

④理想的な機能や特徴
⑤商品・サービスを利用するシーン

それぞれのポイントについて、質問例を交えて説明していきます。

現在の課題や不満点の探求

「最近、気になっている・改善したい生活習慣などありますか？」

そんなふうに聞くことで、お客様の日常の小さな不満や願いを探ることができます。

例えば、「忙しい毎日を送る中で、もっと簡単に健康管理ができたら」という声から、手軽に使える健康管理ツールのアイデアが生まれるかもしれません。

お客様の理想とする解決策は？

「もし家事の中で、魔法のように問題が解決するとしたら、どんな解決策があれば嬉しいですか？」

プロローグ
第1章
第2章
第3章
第4章
第5章
第6章
第7章
エピローグ

そう尋ねることで、お客様の本当の夢や願いを探れます。

例えば、料理が苦手な主婦が「もっと簡単に料理ができたら」と望んでいたら、そこから手軽においしい食事が作れるキッチン製品（鍋など）のアイデアが浮かびます。

類似商品の経験を探る

「以前に試した商品で良かった点や改善してほしい点はありますか？」

こう尋ねれば、既存の製品に対する感想や要望を聞けます。これにより、市場のニーズを把握し、より良い商品を考案するヒントが得られます。

例えば、化粧品の使用感に関する意見から、肌に優しい新しいスキンケア製品を開発するアイデアが浮かぶかもしれません。

理想的な機能や特徴の探求

「もし理想の商品があるとしたら、どんな特徴があると嬉しいですか？」

そう聞くことで、お客様の理想を探れます。ここでの回答は、新しい商品やサービスの方向性を示す貴重な情報源になります。

例えば、手芸愛好家の方が「もっと簡単に美しい手作りアイテムが作れる道具があれば」と答えたら、使いやすくて効果的な新しい手芸ツールの開発につながるかもしれません。

商品・サービスを利用するシーンは？

「この商品・サービスをどんな時に使ってみたいですか？」

この質問で、具体的な生活シーンを想像させることができます。

例えば、趣味の園芸に打ち込む女性に対しては、「ガーデニングがもっと楽になるような道具」を提案すると、趣味の園芸生活が楽しくなる製品開発が可能になるかもしれません。

実際にヒットした商品の事例

このようにお客様自身の中に持っている答えを、より詳細に形にする質問と傾聴で、本当に欲しいものへの欲求を把握できるようになります。

「欲しいもの」＝「売れるもの」になるので、お客様の声から生まれたものは大ヒットになる可能性が高いのです。

例えば、以下は実際にヒットした商品の事例です。

●スマートフォンアプリの健康管理ツール

顧客からのフィードバックを元に開発された、手軽に健康状態を追跡できるスマートフォンアプリ。使用者の日常的な健康管理をサポートし、特に50代の女性に人気でした。このアプリは、ユーザーの生活習慣や健康状態に合わせたカスタマイズが可能で、使いやすさと機能性で注目を集めました。

●多機能圧力鍋

最近のトレンドとして、多機能圧力鍋が大人気です。これらの圧力鍋は従来のものよりも使いやすく、調理時間を大幅に短縮できるのが特徴です。

例えば、あるブランドの圧力鍋は、煮込み料理、蒸し料理、炊飯など様々な調理方法を一台でこなすことができます。簡単な操作で温度や時間の調節が可能で、忙しい家庭でも手軽においしい料理を作ることができます。

また、清掃も簡単で、キッチンスペースの節約にも貢献しています。

傾聴力を発揮して「お客様が欲しい」にフォーカスしよう

大企業の場合には、開発にもアンケート調査にも膨大な費用をかけられます。個人事業主であるあなたの事業規模では、当然その大企業の調査力には及びません。

だからこそ、個人事業主は、より狙っていくお客様像を明確に意識する必要があるのです。

例えば、前述の「多機能圧力鍋」。

元気に走り回る小さなお子様を持つお母さんに向けて「火を使わない」という安全を特徴にするのか、ひとり暮らしの20代ＯＬに対して「コンパクトでスタイリッシュ」という点を強調するのかで、戦略がまったく変わってきます。

売れない事業主の方のご相談に乗っていると、ほぼ9割近くがお客様の声を聴かずに商品開発しています。「だから、売れないのだなぁ」と、いつも実感しています。

「あなたがやりたい」ということよりも、傾聴から得た「お客様が欲しい」にフォーカスする方が、商品・サービスは簡単に売れていくものだとぜひ理解してください。

2 集客のヒントが欲しい時の5つの質問

お客様がたどり着いた経路が集客のヒントになる

ご自身が集客したイベントや講座のお客様、商品そのものを販売したお客様に感想やコメントを聴く機会を設けられるなら、その際には集客に特化した質問もできるとベストです。

なぜなら、そのひとりのお客様があなたの元にたどり着いた経路こそが、次の方と出会うための道筋にもなるからです。

その道筋や未来のお客様との共通項を知るためにする、集客に直結する質問のポイントは、次の5つとなります。

①オンラインの行動パターン

②SNSコミュニケーション方法
③ライフスタイルに基づいた関心事
④口コミや推薦について
⑤商品・サービスの優先順位

このような声を集められるなら、特典やプレゼントをしてでも集めた方が良いです。それぞれのポイントについて、質問例を交えてご説明しましょう。

オンラインの行動パターン

「インターネットでどのような情報を探しますか?」

「私のウェブサイトにはどのようなキーワードでたどり着きましたか?」

そんなふうに聞くことで、お客様のオンラインでの行動パターンを把握し、ウェブ集客戦略に反映させることができます。


例えば、私が運営していたパン教室のHPへ誘導するメインのキーワードは「天然酵母・パン教室・横浜」でした。

実際にいらしたお客様に伺っても、このキーワードのうち2つは入れている方が多かったので、私が設定したお客様がそのままいらしていたと思います。

SNSコミュニケーション方法について

「あなたは普段どのようなSNSを見たり、使っていますか？」

そう尋ねることで、あなたがどのSNSに出没して拡散していったり、コミュニケーションを取ったらいいのかがわかります。

こちらは案外、見落としがちな方もいますが、重要なポイントです。

例えば、教室の先生はインスタグラムでの集客を行う方が多いのですが、案外Meta（旧facebook）にも対象となるお客様がいることがあります。

自分のお客様が本当はどのSNSのプラットフォームにいるかは、一度運用してみないとわかりにくい部分もあるので、実際のお客様の声なども参考にしながら、集客経路を見直してみることが大切です。

ライフスタイルに基づいた関心事

「あなたは普段どんな本を読みますか？」
「休日よく出かける場所は？」
「どんな趣味習い事が好きですか？」
「お金・予算に制限がなかったら何をしたいですか？」

このような、お客様の日常の関心事についての質問も効果的です。

お客様のライフスタイルがわかれば、それに合わせて、その場所での出没を検討したり、どんなサービスや商品があれば良いか商品開発のヒントにしたりできます。

口コミや推薦について

「友人におススメしたくなるような商品やサービスはどんなものですか？」

この質問で、お客様が重視する品質や価値観を探り、それに基づいた集客戦略を立てることができます。

友人など大切な人に伝えるということは、それだけ素晴らしいと感じていることになるので、そのポイントを告知でのキャッチコピーにも使えますし、その価値観に添った新サービス作成のヒントにもなります。

商品・サービスの優先順位

「サービスや商品を選ぶ際にもっとも重視することは何ですか？」

そう尋ねることで、お客様の購買意思決定の要因を理解し、その方に合ったプロモーションを考案することができます。

ここで例えば「価格」と言われて（たいていの方はそう答えるかもしれませんが）あなたが「低価格戦略」を取れば、「価格重視」のお客様を集めることになります。

逆に「品質重視」の方であれば、価格もさることながら、対象とする方が重要視する価値観に添った内容を伝えることが必要になります。

お客様の関心やニーズを掘り下げ、より効果的な集客を

なお、個人事業主の方は「品質重視」「価値重視」のお客様を集める方が良いと、私は思っています。

なぜなら、その方が差別化がしやすいからです。

低価格戦略はどちらかと言うと体力がある大手企業に向いています。個人の場合は、一人一人に寄り添った商品開発&拡散の方が成功しやすいと思います。

いずれにせよ、これらの質問は、お客様の深層にある関心やニーズを掘り下げ、より効果的な集客戦略を立てるための重要な手がかりとなります。

ビジネスの可能性を広げ、新たなお客様の層を開拓するきっかけにもつながる、大切な質問です。

価値
価格

3 成約のヒントが欲しい時の5つの質問

おひとり様ビジネスを行っている女性は成約力が低い

私のメインのクライアントさんは自宅教室業の先生、特に女性の方が多いです。

最近は会社員からの独立開業で教室ビジネスをスタートされる方も多くなりましたが、もともとは趣味からスタートしている主婦の方が行うことが多い業界でした。

そのような背景から、教室業に関わらず「おひとり様ビジネス」をスタートされる方は40～60代の女性が多い印象です。

すると、営業経験が多い私の目線で見た時、企画・集客はなんとかできても、営業の経験値が少ないため「成約力」が圧倒的に低いと感じることがあります。

そこでここでは、おひとり様ビジネスを行っている女性の方が、成約したい場合には特にどんなポイントを中心にお客様に質問していけばいいのかをお伝えします。

①お客様の悩みや課題を探る
②お客様が欲しい未来の深掘り
③すべての要望を確認して次のステップへ
④要望がすべて完全に満たせないことがわかった時の対応
⑤最後の話の調整が終わった時に伝える一言

それでは、それぞれのポイントについて質問例を交えてご説明しましょう。

お客様の悩みや課題を探る

「現状、どんなことで困ってますか？」

この質問を通じて、お客様が現状直面している具体的な課題を理解し、それを解決するための提案ができます。

実は、いきなり商品サービスの紹介をしてしまう方が多いのですが、たとえお客様がダイレクトに申し込みしてきたとしても、一度は伺った方がいい質問です。

なぜなら、それによりあなたは「どのような困りごとを持っている方が、自分のところに集まりやすいのか」を知ることができるからです。さらに、なぜあなたを選んだのかわかれば、競合他社との差別化の特徴のヒントにもなります。

私もパン教室時代にお申し込みくださった方に、よく伺っていました。

「今、パンのことで何か困っていることありますか？」

「なぜ私の教室を見つけ出してくださって、お申し込みをいただいたのですか？」

これがわかれば、その方が私の教室に期待することがわかります。そして、それに添った運用ができれば、満足いただけて継続リピートにもつながります。

だから、この質問はとても大切な質問です。あなたの業種業態に変換して活用してください。

お客様が欲しい未来の深掘り

「では、もう少しお聞きしてもいいですか？」

先ほどの①お客様の悩みや課題を探る質問を伺ったら、続けて自分の商品サービスを紹介しはじめる方も多いのですが、私はもう少しその内容を深掘りして聴くことがよくあります。

もちろん、商談の額にもよります。

金額が小さい時には、そもそも①のような質問も要りません（100均のレジでそんなことはいちいち聞かないのと同じことです）。

しかし、それなりに高額だったり、長期プランになるようなサブスクタイプの商品を成約したい時には、もう1歩踏み込んで、次の「4W2HとWHY」について聴いておくと、成約がとても簡単になります。

- Who（誰が・誰に？）＋（なぜその人なのか？）
- What（何を・何が？）＋（なぜそれなのか？）
- When（いつ・いつまでに？）＋（なぜそのタイミングなのか？）
- Where（どこで・どこに？）＋（なぜそこなのか？）

・How to（どうやって？）＋（なぜそのやり方なのか？）
・How much（いくらで・予算は？）＋（なぜその金額なのか？）

この内容だとわかりにくいと思いますので、私がコンサルティングしたクライアントさんの事例も紹介しましょう。これは、「天然酵母パン教室」の先生の事例です。

・Who（誰が・誰に？）⇩天然酵母パン教室の先生が健康志向の50代女性にレッスンする。
（なぜその人なのか？）⇩自分も同年代で、シンプルで健康的な暮らしに共感しているから。

・What（何を・何が？）⇩砂糖・油脂を極力控えて、小麦や材料を厳選した、健康を意識した素材選定と工程。
（なぜそれなのか？）⇩なるべく面倒な工程を省くことによって、毎日の食卓に取り入れてほしいから。

・When（いつ・いつまでに？）⇩60歳前後、定年を迎えるお客様に教えたい。
（なぜそのタイミングなのか？）⇩定年を迎えると時間ができるから。セカンドライフを楽しみたい人に教えたい。

・Where（どこで・どこに？）⇩対面レッスンを開催。
（なぜそこなのか？）⇩苦手なオンラインレッスンよりも、対面でおしゃべりをしたりしてコミュニケーションを取るのが楽しみになっているから。

・How to（どうやって？）⇩レンタルキッチンを借りて。
（なぜそのやり方なのか？）⇩自宅には先に定年を迎えた主人がいて、自宅で開催できないから。

・How much（いくらで・予算は？）⇩1レッスン1万円。定員6名。10コマ開催にしたい。
（なぜその金額なのか？）⇩レンタルキッチンの場所代もかかるし、材料も良いものを使いたいから。

いかがでしょうか？

案外「なぜ」という部分が大事だと思いませんか？

私の経験値だと、成約がうまくいかない方は、この「なぜ」という部分が聞けていな

4W2HとWHYの質問リスト

Name ____________

Date ____________

- ☑ Who　（誰が・誰に？）
（なぜその人なのか？）
- ☑ What　（何を・何が？）
（なぜそれなのか？）
- ☑ When　（いつ・いつまでに？）
（なぜそのタイミングなのか？）
- ☑ Where　（どこで・どこに？）
（なぜそこなのか？）
- ☑ How to　（どうやって？）
（なぜそのやり方なのか？）
- ☑ How much　（いくらで・予算は？）
（なぜその金額なのか？）

いことが多い印象です。それゆえ成約率が低くなると感じています。

この「なぜ」という部分はお客様の事情の背景になる部分であり、一番知りたい内容です。ここがわかると、成約までのハードルが一気にさがります。


ですので、ここは自然な会話の中でうまく聴けるようにしていただけると良いですね。


ただし、質問時に注意していただきたいのが、尋問のようにならないこと。

会話に織り交ぜながら自然にお話をしてもらえるように誘導してください。

すべての要望を確認して次のステップへ

「それでは、今までお伺いしたことをご確認させていただきますね。……（ここで確認する）……以上が、ご要望ということで間違えありませんか？」

この質問によって、お客様の話と自分の理解が食い違っていないかを確認します。

ここで違っていたら修正をします。

この確認をした上で、相手の要望をすべて満たす内容が提案できれば、本来はそのまま成約するはずなのです。

逆に、この確認が弱かったりすると、提案の軸がブレます。

また、どうしてもすべてを満たす提案ができない予感がする場合には、この時にどれが最優先事項かを改めて伺って、提案のための準備をします。

このようにお互いの認識を再確認することで、お客様もあなたにしっかり要望が伝わっていることを確認でき、安心感と信頼感が築かれます。

要望がすべて完全に満たせないことがわかった時の対応

「お伺いした要望の中で、どうしても最優先したいことを教えてください」

お客様の要望がすべて叶うなら、そのお客様は、あなたの商品・サービスがバッチリ当てはまる方ということ。その場合は成約しない方がおかしいです。

でも、たいていは一発ですべての要望が叶うケースの方が少ないと思います。

その場合は、タイミングなのか、価格なのか、やり方なのかなど、最優先したいことを伺って提案します。それによって、すべての要望が叶っていなくても、提案が受け入れられて成約することが多くなります。

このポイントを聞き逃している方も、多いと思います。

私自身がクライアントさんとお話していても、要望の再整理をするシーンはよくあります。

稼ぐ金額なのか、やりがいなのか、タイミングなのか。それによって、アドバイスする方向性も、やっていただく作業量も、まったく変わります。

ですので、完全にお客様の要望を満たせない時には、特に聴いていただきたいポイントです。

最後の話の調整が終わった時に伝える一言

「いかがなさいますか？」

これは、すべての話が終わって、契約するのかしないかを確認する時に使う、**とても便利な言葉**です。

営業が苦手な女性の経営者は、「ご契約でよろしいですね？」とか「では、契約の話に移らせていただきますね？」という確定的に契約に持っていこうとする言葉を使うのが苦手な方が多いです。

でも、「いかがなさいますか？」なら、「はい、お願いします」も「いえ、今回は検討させてください」も、お客様に選択権があります。

このレベルの軽いニュアンスの方が、あなたもお客様も楽ではないでしょうか。

この時の注意点としては、相手が考えている最中なのに、自分から残念な話に持っていってしまわない、ということです。

例えば「ですよね～、高いですよね～」とか「あー、そうですよね～、忙しいですよね～」などと、相手に断られると自尊心が傷つくために、先に自らネガティブな未来に対して予防線を張ってしまう人は少なくありません。

でも、ここはぐっとこらえて、相手が話しだすまで答えを待つ。特に沈黙が苦手な方は、その訓練をしてください。

余計なことを言わないだけでも、かなり成約率が上がるはずです。

成約率を上げるなら売り込みよりも質問を

このような質問力&傾聴力があれば、かなりの確率でお客様の本音にアプローチして、より確実な成約に結びつけることができるようになります。

私の印象では、おひとり様事業家の女性は特に、ビジネス上で質問して相手の話を上手に引き出すことが苦手な方が多いと感じています。

普段の何気ない話の延長のようにビジネスでも質問できるようになると、売り込みなしでも相手から「欲しい」と言われるようになります。

成約率を上げたいなら、売り込み方を学ぶよりも、質問力を上げる方がはるかに近道だと、私は思っています。

4 初めてのお客様に好印象を持たれる傾聴力の3つのコツ

傾聴力があれば第一印象も良くなる

あなたも初めてのお店に行く時や、初めてのお客様と会う時に、どんなお店なんだろう、どんな人なんだろうと考えて、緊張したり、ワクワクした経験があると思います。

ちなみに、私はカウンター接客や営業経験を通じて、数万人の方と出会った経験がありますが、緊張というよりはワクワクの方が大きいタイプです。

そんな経験の中から思い出してみても、初めて会った時「印象の良い方」と「印象が悪い方」がいらっしゃいました。

その違いを生み出していたのも、「傾聴力」です。

そこで、こちらの項では、傾聴力を使って好印象を持たれるための3つのコツについいてお伝えします。

①積極的傾聴
②質問を通じた関心の示し方
③感情の共有と共感

それでは、それぞれのコツについて詳しくご説明しましょう。

見た目と聴く姿勢を整え、「積極的傾聴」をする

スタートはまずは「笑顔から」でしょうか。
「え？　意外……それですか？」と思いましたか？
特に初対面の時は、お客様も緊張しています。
緊張を解きほぐすのは何と言っても、明るい笑顔でしょう。
こういった言葉以外の、いわゆる「非言語領域」も、傾聴力を高める大切な要素と言

えます。

あなたは「メラビアンの法則」というものをご存じですか？

人と人とのコミュニケーションにおいて、言語情報が７％、聴覚情報が38％、視覚情報が55％のウェイトで影響を与えるという、心理学上の法則の一つです。１９７１年に、アルバート・メラビアンという心理学者が提唱しました。

この法則からもわかるように、まずは非言語領域の第一印象をよくすることも、実は傾聴の効果に大きく貢献します。

私もＺＯＯＭを通して、初めての方とお会いするケースが多々あります。

そんな時にはなるべく口角を上げ、微笑む感じの口元でお話を聴くようにしています。

なぜならば、私は微笑みレベルで口元を作っていないと、とてもクールに見える印象があることを自分で知っているからなのです。視力も悪いのですが、もともとの顔がシャープなので、眼鏡をかけるとさらに印象がきつく見えてしまいます。

ですから、眼鏡でなくコンタクトにして、かつカラフルな印象の服を着て、明るいイメージを視覚から持ってもらえるようにしています。

それに加えて、お客様のお話をしっかり聴く。目を見て相槌を打ちながらお話を伺います。もし話の途中で聴きたいことが出てきても、一度全部お話を伺ってから質問をするようにしています。

お客様にしっかり聴いていると理解していただけるだけでも、与える安心感が変わるからです。

実際に私自身もこのスタンスを実践していますが、暗い印象を持っていたクライアントさんにもこのお話を伝えて実践してもらったところ、成約率が10％から100％に変わるインパクトがありました。

この時のポイントは、聴く姿勢だけではなくて、同時に見た目も整えていくという点です。これがセットで初めて好印象を与えることになるので、ぜひセットで考えてみてください。

特に見た目の印象はとても強いので、まずは見た目の印象（あなたが相手に感じてもらいたい印象です）、そして聴く耳という順で好印象を持っていただけます。

メラビアンの法則

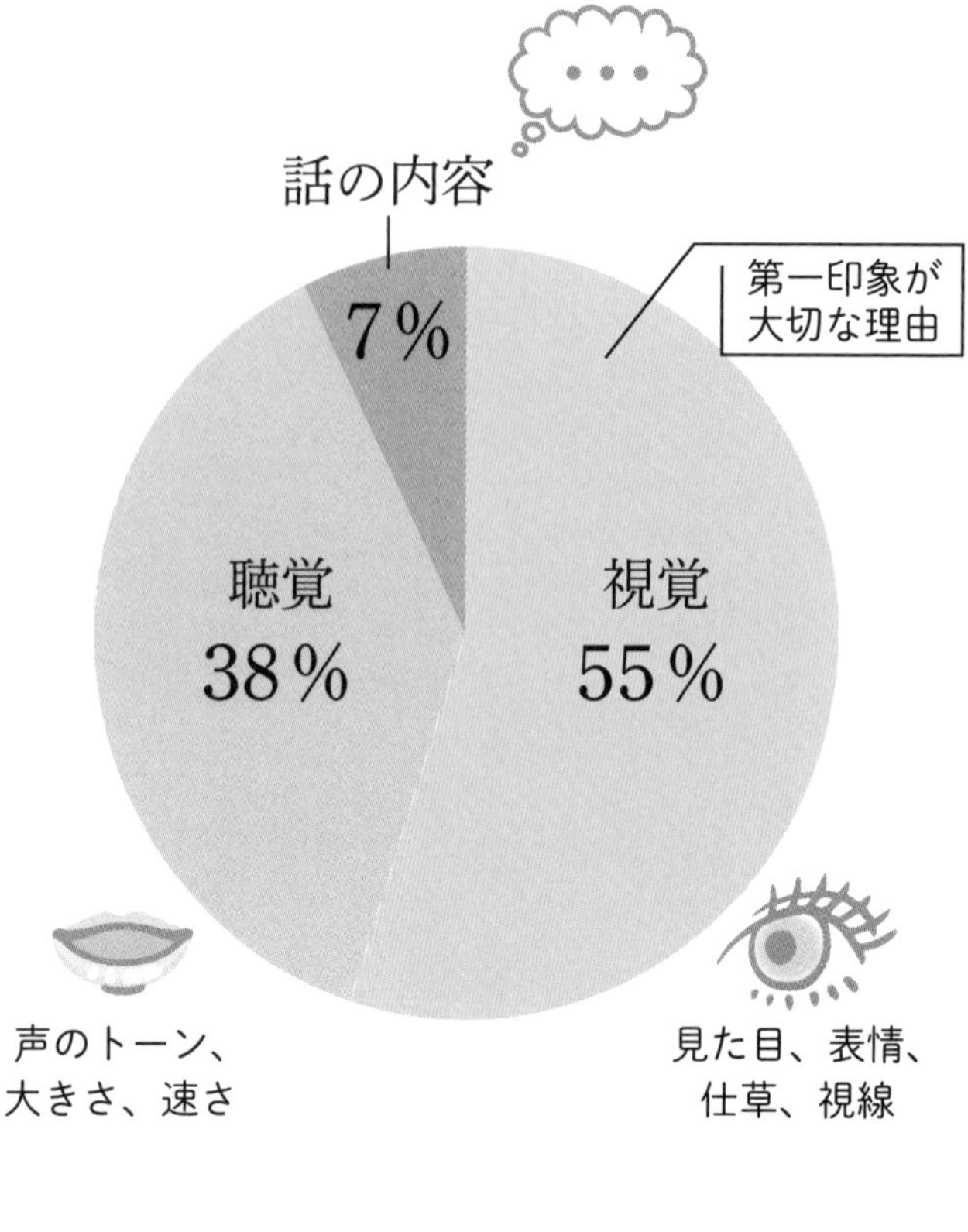

話の内容
7%
第一印象が
大切な理由
聴覚
38%
視覚
55%
声のトーン、
大きさ、速さ
見た目、表情、
仕草、視線

質問を通じた関心の示し方

お客様のお話を伺っている時に、途中で質問をしたくなることもあると思います。
ですが、そこは先ほども説明したように、いったん話に集中してメモを取りながら、一度全部を伺ってしまう方が、コミュニケーションが取りやすいと感じています。

話をすべて伺ってから順に質問をしていく方が、相手の方に消化不良のストレスを与えず、気持ちよくお話いただけます。

その上で相手に対しての興味・関心を深堀りしていくと、より的を射た話ができ、結果として成約率が上がります。

私は、営業職時代には、初回訪問時に相手の会社様についてＨＰでわかる限りの情報は仕入れてから訪問していました。ただ、会社対会社の付き合いとは言っても、相手の担当者の方はひとりの人間なので、フランクなプライベートな話なども少し挟んで話を進める方が、商談がスムーズだった記憶があります。

商売は人とのコミュニケーションなので、（商品そのものの魅力があるのは当たり前

プロローグ
第1章
第2章
第3章
第4章
第5章
第6章
第7章
エピローグ

ですが）結果として「誰から買いたいのか」という要素もかなり成約率が左右することを実感しています。

感情の共有と共感も大切

お話を伺いながら、お客様の感情に共感を示し、その感情を共有することで、信頼関係を深められます。

特に女性の方は、「そう思うでしょ？」という点に共感してもらえると、それだけで一気に親密度が増すケースが多いです。

だから、おそらく男性よりも女性の方が、コミュニティができやすいのではと思うことも多々あります。

変な話、営業をしていると、おべっかとかではなく本心からお客様の話に共感しているだけで、なんだか気に入ってもらって商品が勝手に売れたなんて経験もよくありました。

例えば、楽しかった旅行の話に共通点があって、色々とお話した時、きっと私の思考や考え方に共感してくださったのでしょう。

結果、「この人と一緒に仕事をしたらうまくいきそうだ」と感じてもらったのではないかと思います。


なので、お客様が喜びや悩みを語った時には、それに対する理解や共感を、言葉や態度で表現しましょう。


それだけで、相手が楽しく、より多くを語れる環境を作り出せます。

そして、多くを語っていただけるということは、企画、集客、成約、どのシーンでもお客様の本音をベースに対応していけるということです。

「聴く力」というのは、それだけ強力な武器になるのです。

5 セールスなしで成約できる、耳で稼ぐ「傾聴力」

欲しければいくらでも聞きたくなる

営業経験がない方がよくおっしゃる言葉に、「売り込みはしたくありません」というのがあります。

これは、営業をしたことがある方ならみなさん共感していただける感情だと思います。

もちろん私も売り込みは嫌です。

では、なぜ人は売り込みが嫌なのか。

それは「欲しくもないのに提案されるから」です。

裏を返せば「欲しければいくらでも聞きたい」になるはずです。

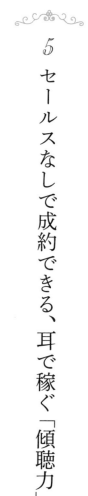

あなたもきっと経験がありますよね？

欲しいと思った商品・サービスのことは、相手に言われなくたって自分で調べたり、話を聴きにいったりするものです。

――つまり、欲しいと思ってもらえるような展開にならない限り、あなたは商品・サービスの話はしなくていい、ということになります。


では、どのようにすれば、欲しいと思ってもらえるのか。

それは、お客様が何を感じて、どんな価値観を大事にしているかを理解すること。

その価値観が、あなたの商品で叶えられるとわかったら、ピンポイントでその商品の特性を伝えればいいだけです。

お客様の方から「それ、知りたいです」とか「私にはどれが合いますか？」と言ってきてもらえる状況になったなら、売り込みという概念すら存在しなくなります。


それを叶えるのが、営業上の「傾聴力」なのです。

営業上の傾聴力とは

私の営業での経験上、なぜお客様に9割近く話をしてもらうのか、という理由をお伝えします。

それは、真の欲求、解決するべき課題を出し切らないと、サービスを提案してもお客様が腑に落ちないと知っているからです。

気持ちを出し切ってもらえて初めて、商品の利点を伝えることができるから、説得力が増すのです。

だから、私はこの「傾聴」のタイミングで、私の商品がこの方を幸せにできないなと感じ、他の方が提供しているサービスの方が、優位点があると感じた場合には、正直にその旨ご案内します。

その方がお互いにとって幸せだからです。

これができている状態で話を伺っていると、お客様の方から近寄ってきてくださって、質問をしてきて、そのまま即決でお買い上げということもよくあります。

なので、私の方が聴いている時間が長いのです。ただし、解決したい回答にたいしてのピンポイントでのコメントは外しません。

だから、結果として「あなたから買いたい」という状況を作ることができるのだと思います。

欲しいと言われてから、提案をする

営業の時によくやっていた行動は、欲しい（もっと聞きたい・知りたい）と言われてから、真の商品提案をすることでした。

その方が、圧倒的に成約率が高かったのです。

私は営業部長も経験しているので、ＯＪＴの一環で、新人との同行営業もやっていました。その時に感じていたのが、新人営業マンの方がお客様よりも話す量が多いこと。肌感覚で言うと、お客様３：新人７ぐらいでした。

こうなると、やはり本心がわかりにくいので、結果として変なところで提案がつまずき、うまくいかないのです。

成約させるためには、お客様のお話を全部を聴ききった後が勝負。

だから、まずは「聴く」を先行させることが大切なのです。

そうすることがセールス要らずの契約につながると理解して、聴ききる姿勢を持ってお話を進めてみてください。

きっと成約率に大きな変化が感じられるようになると思います。

第5章

魔法の傾聴力を活用する
実践ポイント虎の巻

1 相手に気持ちよく話してもらうための雰囲気作り

誰でも簡単にできる5つのテクニック

傾聴をスムーズに行うためには、実は「相手に気持ちよく話してもらう」ことが必要になります。

そのためには、相手が気持ちよく話せる環境を作ることが大切です。

そこでここでは、傾聴の環境作りのテクニックを5個ピックアップしました。

①明るい表情を意識する
②肯定的な言葉遣いをする
③安心できる環境を整える
④相槌やボディランゲージで関心を示す

⑤質問で話を深める

わかっている方は、できていることも多いでしょう。

どれも簡単にできることですが、基本事項として大切なものばかりです。

これからそれぞれ詳しく説明していきますので、良かったらお気軽にチェックしてみてください。

明るい表情を意識する

まず1つ目は「明るい表情を意識する」こと。

対面であれば、笑顔はもっとも基本的なコミュニケーションツールです。

相手の話をきちんと聴いていますよというニュアンスで微笑み、相槌を打つ。

これが、相手に「あなたの話を聞いています」というサインを送り、心理的な距離を縮める効果をもたらします。

肯定的な言葉遣いをする

2つ目は「肯定的な言葉遣いをする」ことです。

相手の話を聞く際には、なるべく否定的な表現や批判的な態度は避け、肯定的な言葉遣いを心がけましょう。

例えば、「それは大変でしたね」などといった共感の言葉を挟むことで、相手は自分の話に耳を傾けてもらえていると感じ、さらに話しやすくなります。

ただ、コンサルタントなど指導する立場の場合、どこかでクライアントさんの思考の方向性を正すために否定的な話を伝えなくてはならないケースもあります。

そんな時には単純に否定するだけではなく、「なぜその考えではうまくいかないのか」という理由もセットでお伝えすることが必要になります。

安心できる環境を整える

3つ目は「安心できる環境を整える」こと。

オンラインミーティングの場合でも、対面の場合でも、背景や環境はコミュニケーションに影響を与えます。雑音が少なく、プライバシーが保護された静かな場所を選ぶことで、相手はよりリラックスして話すことができます。

特にオンラインの場合は、無造作に自分の部屋からセッションをする方もいらっしゃいますが、サービスを提供する側の立場からすると、その環境も含めてサービスのパッケージになるので、印象がいい方が相手の満足度が上がります。カメラの位置や照明にも気を配って、明るい印象を与えることが安心感にもつながります。

相槌やボディランゲージで関心を示す

4つ目は「相槌やボディランゲージで関心を示す」ことです。

「うんうん」「そうなんですね」といった相槌は、相手の話に関心を持っていることを示します。

また、頷きや表情の変化も、非言語的なコミュニケーションとして有効です。

ここでも笑顔が有効ですね。話しやすくなります。

これらの小さな仕草が相手に安心感を与え、話しやすい雰囲気を作り出します。

質問で話を深める

そして5つ目は「質問で話を深める」ことです。

相手の話に基づいて、興味や関心を持っていることを示す質問をすることで、さらに会話を深めることができます。

「それで、どうなりましたか？」「その後、どう感じましたか？」といったオープンクエスチョン（イエス／ノーで話が終わらないタイプの質問方法）は、相手にさらに詳しく話してもらうきっかけを作り出します。

環境作りは案外あなどれない

このように相手に気持ちよく話してもらうための雰囲気作りは、傾聴力を発揮する上での土台となります。

明るい表情や肯定的な言葉遣い、安心できる環境の提供、適切な動作、相槌など。そして関心を示す質問を通じて、相手からの信頼を獲得し、さらなる会話の発展へと結びつけていきます。

これらのポイントを実践することで、より深い悩み、関心、欲求を引き出すことができるので、「聴く時の環境作り」は案外あなどれないのです。

2 話を聴く時にやってはいけない5つのNGポイント

「そういう人もいるなぁ」と思うかも

傾聴はコミュニケーションにおいて、とても大切なスキルの一つですが、円滑に実践するために避けた方がいい行動があります。

そこでここでは、話を聴く際にやってはいけない5つのNGポイントについて解説します。

①話を中断する

②自分の話で持ち切りにする

③批判や否定から入る

④スマホや他の作業に気を取られる

⑤偏見を持って接する

これらの内容はビジネスでもプライベートでも共通する話なので、あなたも「ああ、そういう人もいるなぁ」と思うかもしれませんね。

それでは、これからそれぞれについて詳しく説明していきましょう。

話を中断する

まず1つ目は「話を中断する」こと。

相手が話している最中に中断することは、やらない方がいい行動の一つです。相手に対する尊重の気持ちを欠いていて、相手の話に興味がないかのように受け取られかねません。

相手が話し終えるのを待ち、適切なタイミングで自分の意見や質問を挟むようにしましょう。

プロローグ 第1章 第2章 第3章 第4章 第5章 第6章 第7章 エピローグ

自分の話で持ち切りにする

2つ目は「自分の話で持ち切りにする」こと。

相手の話を聞く際には、自分の経験や意見をいきなり前面に出すことは避けた方がいいです。

会話は双方向のやり取りが心地よい空気を作ります。自分の話題で持ち切りにしてしまうと、相手は話を聴かれていないと感じ、不快に思うことがあります。

相手の話に耳を傾け、共感や理解を示すことが大切です。

批判や否定から入る

3つ目は「批判や否定から入る」ことです。

相手の話に対して批判的または否定的な反応から入ると、コミュニケーションの壁を作ってしまいます。これにより、相手は防御的になり、オープンな会話が困難になります。

建設的なフィードバックや異なる視点を提供する場合でも、まずは相手の話に共感を示し、その上で相手に理解してもらえるような言葉を選びながら伝える必要があります。

スマホや他の作業に気を取られる

4つ目は「スマホや他の作業に気を取られる」ことです。

話を聞いている最中にスマホをチェックしたり、他の作業に手を出したりすることは、相手に対してとても失礼な行為です。

これは相手の話に集中していないことを表し、相手を軽視しているように受け取られてしまいます。会話中は相手に全注意を向けることが重要です。

最近で言うとZOOMのリアルタイムセミナーなどは悩ましいところですね。

私自身もリアルタイム参加できる時には、なるべく時間をしっかり取って、傾聴の態度で聴くように心がけていますが、内容によっては、正直〝ながら作業〟で聴いてしまうこともあります。

このあたりの見解は講師の考え方による、と思います。

ちなみに私自身は、顔出しで参加していただけるならコミュニケーションを取りたいし、雑多な環境でのリアルタイム参加ならむしろ顔出しなしのミュートの方が、他の方の集中力も削がれないので好ましいと感じています。

偏見を持って接する

そして5つ目は「偏見を持って接する」こと。

先入観や偏見を持って会話に臨むことは、公平な傾聴を妨げます。

相手の話に対してオープンマインドでいることが、真の理解や共感へとつながります。

人はそれぞれ異なる背景や価値観を持っています。私もなるべくその垣根は取り払ったフラットな状態で聴くようにしています。

大切なのは相手を尊重し、理解しようとする気持ち

傾聴において大切なのは「話を聴く」という行動の裏にある、相手を尊重し、理解しようとする気持ちです。

ですから、これらの5つのNGポイントを避けることにより、より深い信頼関係を築き、相手からの信頼を得ることができます。

効果的な傾聴は、相手との関係を深めるだけでなく、自己成長にもつながる貴重なプロセスであると、クライアントさんの話を聴くたびに実感しています。

3 相手の話を上手に聴きとるメモの取り方3つのポイント

あなたは手書き派？　パソコン派？

あなたは人と大切な話をする時のメモって手書き派ですか？

それともスマホやパソコン派ですか？


——ちなみに、私は「手書き派」です。

それもかなり乱筆な書き方の方かもしれません。

今までに何度か、手書きとパソコンで要点をまとめる感覚を比較したことあるのですが、脳内記憶にしっかり定着しているのは、やはり、「手書き」でした。

手書きとスマホ・パソコンは用途に合わせて変えれば良いと思うのですが、私は思考を整理するなら手書きがいいと考える派です。

人材育成トレーナー・コンサルタントの鈴木進介さんは、そのご著書『仕事は1冊のノートで10倍差がつく』（明日香出版社）で、手書きとスマホ・パソコンでのメモについて、図のようにまとめています。

また、最近はグラレコ（グラフィックレコーディング）なるものも流行っているようです。こちらは、絵や図形などを使ってまとめる手法です。

ちなみに、下間都代子さんが主催されている「耳で読むビジネス書」は、Clubhouseでリスナー５０００

	使う目的	メリット	デメリット
手書き	・思考、発想 ・頭と心の整理	・脳が刺激される ・自由度が高い ・Wi-Fiが不要	・書くのが面倒 ・修正に手間がかかる ・コピペや検索ができない
スマホ・パソコン	・記録 ・情報共有	・修正がしやすい ・コピペがしやすい ・検索性に優れる	・脳が刺激されにくい ・書く自由度が低い ・集中できない

※『仕事は1冊のノートで10倍差がつく』（鈴木進介／明日香出版社）を参考に作成

人越えの人気ルームですが、この中でホリベユカリさんが週替わりの著者さんのインタビューを毎週グラレコでまとめています。
先日は私の著書「感情価格術」もまとめてくださいました。とてもよくまとまっているので、グラレコの実例として、ぜひご覧になってみてください。

https://note.com/hightech_horibe/n/n671f911e8279

さて、メモの手法はさておき、相手の話を聴きとる3つのポイントがあります。

①キーワードとフレーズを中心に記録する
②構造を意識したメモ取りを行う
③聴きながらも相互作用的にメモを取る

ここでは、それぞれについて、私の経験値も合わせてお伝えしていきたいと思います。

キーワードとフレーズを中心に記録する

1つ目は「キーワードとフレーズを中心に記録する」ことです。

すべてを文字通りに書き取ろうとすると、メモを取ることに集中しすぎてしまい、肝心の話されている内容を聞き逃すことがあります。

重要なのは、話の中心となるキーワードや重要なフレーズをピックアップして記録することです。これにより、話の要点を逃さずに記録できるだけでなく、メモを見返した時にも内容を思い出しやすくなります。

構造を意識したメモ取りを行う

2つ目は「構造を意識したメモ取りを行う」こと。

話の流れに沿ってメモを取ることで、情報の構造を理解しやすくなります。

例えば、話の導入、中心となる内容、結論や要求事項など、話の構造に基づいてメモを整理することが効果的です。これにより、相手の話の全体像を把握しやすくなり、後でメモを見返した時にも、話の流れを追いやすくなります。

また、話の中で出てきた問題点や解決策、アクションアイテムなどは、矢印などを伸ばして別のカテゴリーに書いておくと、話を整理しやすくするのでおススメです。

聴きながらも相互作用的にメモを取る

そして3つ目は「聴きながらも相互作用的にメモを取る」こと。

メモは、単に情報を記録するだけでなく、相手とのコミュニケーションの一部として活用することができます。

例えば、相手の話に基づいて質問をメモしておき、適切なタイミングで質問を投げかけることで、より深い理解を得ることができます。

また、相手の話を要約して伝えれば、自分の理解が正しいかを確認でき、相手にも自分がしっかりと話を聞いていることを示せます。

相手の話の要点をつかんで距離を縮めるために

このようなメモの取り方は、私のようなコンサルタントはもちろんですが、おそらく仕事をしている個人事業主であればみな必要なスキルだと思います。

たまに全体ミーティングなどをやっていると、いきなり、とんちんかんな発言をする方がいらっしゃいます。そういう方はたいていメモを取っていないか、メモを取るべきキーワードがずれていたり、メモの順序がおかしくなっているケースが多いです。

とはいえ、メモを取るのに必死すぎて、話を聞けなくなるのは本末転倒。

メモはあくまでも、相手の話の要点をつかんで、自分と相手の距離を縮める会話をするために使うのが、「傾聴力」におけるメモの取り方と言えるでしょう。

4 質問が苦手な人のマインドブロックの外し方

「質問するのは苦手」という方は多い

あなたは質問するのが得意でしょうか？
それとも苦手でしょうか？

私自身はそこまで苦手ではありません。わからないことは聞かないと解決できず気持ち悪いと思うタイプで、恥ずかしさよりもその気持ち悪さが勝るため、普通に聴けてしまいます。

しかしながら、一般的には「質問するのは苦手〜」というタイプの方が多いことも知っているので、ここでは、質問をするマインドを整えるためのヒントをお伝えしたいと思います。

①質問することは素晴らしい！
②安心できる環境で練習してみる！
③質問を事前に準備しよう！

それでは、それぞれについて詳しくご説明しましょう。

質問することは素晴らしい！

まず1つ目は「質問することは素晴らしい！」と思うことです。

質問が苦手な人は、「質問をすることで無知だと思われるかもしれない」「相手を困らせてしまうかもしれない」といった恐れを持っているケースが多いと感じています。

「自分が恥をかくのが嫌」ということが背景にあるかと思うのです。

しかし、質問は学びを深めるための強力なツールであり、相手にとっても自分の考えを明らかにするチャンスです。

さらに、あなたのスタンスも明らかにすることもできるので、よりコミュニケーションが深まります。

そのために、勇気を持って、質問する。

そして「そんな自分は素晴らしい！」と褒めてあげてください。

小さな一歩からで構いません。わからないことは聴いてみる。この姿勢はそのまま集客と成約の成果に直結しています。

質問できない人は「疑問に思うことは聴いてみる」という小さな習慣作りからやっていきましょう。

安心できる環境で練習してみる！

2つ目は「安心できる環境で練習してみる」ことです。

質問をすることに慣れるためには、友人や信頼できる同僚など、安心できる相手との会話の中で練習するのが良いかもしれません。会話の中で質問をし、フィードバックを得ることで、質問のスキルを向上させることができます。

気の置けない仲間に、内容に対して率直な意見をもらって感覚をつかんでおけば、関係性が薄い方に質問する時にも役に立つと思います。

質問を事前に準備しよう!

そして3つ目は「質問を事前に準備する」ことです。

特に会議やプレゼンテーションなど、事前に質問の機会が予想される場面では、質問を事前に準備することが有効です。事前に準備した質問を持っていくことで、質問する際の不安を減少させることができます。

例えば、私は憧れている方のセミナーに参加する時に事前準備をしています。

もしその方が著者さんなら事前に本を読み持参しておいて、なるべく前列を取り質問をすると、高確率で憧れの著者さんに顔を覚えてもらえます。

質問力はまさしくコミュニケーション能力とプレゼン力に直結します。この力があるかないかだけでも、ずいぶん人生が変わると思いませんか?

質問力と傾聴力はセットで人生を変えることができる強力な2大スキルです。大いに活用するべく、苦手な方はまずはマインドブロックを外していきましょう!

①質問することは素晴らしい！
②安心できる環境で練習してみる！
③質問を事前に準備しよう！

5 成約する人・しない人を見極める「聴く力」

肌感覚でわかる買う人と買わない人

「買ってくれると思っていたのに、決まらなかったんです……」

お客様との最後の成約シーンで、自分が思い描いていた結果と異なり、残念ながら不成約で落ち込むクライアントさんから、よくご相談をうけます。

ここで注目すべきポイントは「買ってくれると思っていたのに」というセリフです。

なぜ、このクライアントさんは、お客様が「買う」と確信したのでしょうか？

私はその話の流れを聴いて、逆に「なるほど、そのお客様は買わないな」と感じました。

この差は、お客様と対峙した経験の数です。

プロローグ 第1章 第2章 第3章 第4章 第5章 第6章 第7章 エピローグ

私は営業職で22年間、契約のシーンに立ち会い、その後も自営業で13年、合計35年の営業的な契約シーンの経験値があります。

ここまでくると肌感覚で、極端に言うとお客様と出会って5分もしないうちに「この方は買う人か、買わない人か」の見分けがつくのです。

――とはいえ、そのようなお客様が隠し持っている本音を感じ取るという芸当は、成約シーンに不慣れな人には難しいと思います。

そこでここでは、見た目、または行動で簡単にわかるお客様のサインをお伝えしたいと思います。

成約への意欲を示す3つのサイン

まず、成約への意欲を示すサインです。

これには、次の3つがあります。

①具体的な質問が多い

成約する可能性が高いお客様は、サービスや商品に対して具体的な質問をします。例えば価格、利用方法、アフターサポートに関する質問などがそれに該当します。

これは、提供されるものに対してお客様が真剣に関心を持ち、それを自分の状況にどう活用できるかを考えている証拠です。

②利用開始の時期について言及する

お客様自らが「いつから始められますか?」や「導入までの流れはどのようになりますか?」といった話題を持ち出した場合、それは成約に非常に近い状態であることを示しています。

これらの質問は、お客様が実際にサービスを利用することを想定して、真剣に考え

ていることを意味しています。

③個人的な感想や経験に基づくフィードバックを提供する

お客様が自身の過去の経験やニーズに基づいて、あなたのサービスや商品に関する意見を述べる場合、それは深く関心を持っている証拠です。

これは、お客様が自分の問題を解決するための解決策として、あなたの提案を真剣に検討していることを示しています。

成約しない可能性が高い3つのサイン

次に、成約しない可能性が高いサインもご紹介しましょう。

こちらも3つあります。

①興味のなさを示す非言語的サイン

お客様が会話中に携帯電話をいじる、目を合わせない、頷かないなどの行動を取る場合、これは興味が離れていますよね。

このあたりはみなさんもすぐにわかることだと思います。また、体を後ろに引いたり、腕を組んだりする仕草も、関心が低いことを表しています。

②話題をそらす

提案に関する話題から頻繁に話をそらし、関連性のない話題に移行するお客様は、提案に対してそれほど関心がない可能性があります。

また、質問に対して曖昧な回答をしたり、回避する行動も、成約の可能性が低い様子を示しています。

③価格に対する過度の懸念

すべてのお客様が価格を気にするのは当

然なのですが、会話の大部分が価格の話に注目して、過度に価格交渉に固執する場合がありますす。そのような時は、お客様が感じている価値が価格よりも低く見えている状態であるということです。

このようなお客様は散々価格の話をした結果、成約に至らない可能性が高いです。

お客様の状態を見抜く質問力

さて、ここまで成約の可能性があるタイプと低いタイプの方のサインを、「お客様からの質問」で見分ける形でお伝えしました。

しかし、これは裏を返せば、あなたの方からこれらの状態を把握できる質問をすれば、質問される前でもお客様の状態を見抜くことができるということでもあります。

例えば、成約の可能性が高い方は「①具体的な質問が多い」と書きました。

ということは、お客様の成約の可能性を確かめたかったら、あなたが「具体的な質問をしてみてもいい」ということになります。

本気で考えている人なら喜んで話に乗ってくるでしょうし、買わないつもりであれば、押されて嫌な気持ちになるので、成約しないタイプの「②話題をそらしてくる」という反応をするでしょう。

このように、質問力＝傾聴力を使うことで、相手の本心を短時間で確認することもできるのです。

買う気がない人には無理に売らなくていい

ここで少し話がそれますが、もう一つついでに言うと、私は「買う気がない人には、無理に売る必要はない」と考えるタイプです。

つまり、タイミングと相性が重要なので、要らないと思う人には無理に売る必要がないと考えます。

特に、成約しない可能性が高いサインの「③価格に対する過度の懸念」のようなタイプの方には、私なら積極的に契約しない方向に話を進めます。

なぜならば、お客様が感じている価値が価格を上回っていない人と、無頓着に契約をすると、後で大きなクレームに発展することも多いからです。

私のクライアントさんも、このようなタイプの人に引っかかって、言いがかりをつけられて苦労している話も伺っています。

だから、このようなタイプの方は、さらりと話を終わらせてお引き取りいただく方が良いのです。


もちろん成約だけにフォーカスするなら、心理操作を使って相手の心を誘導して、買わせることもできなくはありません。

しかし、それを行ったところで相手にも自分にも良いことはありません。

あくまでも契約はＷＩＮ－ＷＩＮの喜びの中で交わされるものだと思います。


時間は有限です。

あなたの時間は、あなたのサービスを本気で喜んでくださる方に使うべきです。

冷やかしの人、時間のバンパイヤと認定できるタイプの人は、さらりと対応して深入りせずお帰りいただくのがお互いのためです。

だから、こうしたサインを用いて、相手が買う気があるか、ないかを判断することが大切なのです。

そうすることで、要らないという相手に無理に食い下がる必要もなく、欲しいという人にだけ大切な時間を使えるようになります。

そのためにも、ぜひ積極的に「攻めの傾聴力」を発揮してくださいね。

第6章 魔法の傾聴力をビジネスに活用するシーン別活用事例

1 傾聴力は企画・集客・成約の各シーンで活用できる

傾聴力は様々なシーンで魔法のような効果を発揮する

傾聴力は、ビジネスの様々なシーンで魔法のような効果を発揮します。

企画、集客、成約の各シーンにおいて、傾聴力をいかに活用するかは、そのビジネスの成否を左右する重要な要素です。

まずは、それぞれのシーンにおいて傾聴力がどのような効果を発揮するかをお伝えしましょう。

①企画：顧客の声を商品開発に活かす

企画段階では、お客様の真のニーズや課題を深く理解することが大切です。

そこで傾聴力を活用することで、市場調査やお客様インタビュー、フィードバックの過程において、単に情報を収集するだけでなく、お客様の言葉の背後にある意味や感情を読み取ることができるようになります。

これにより、お客様が本当に求めているもの、市場が必要としているものを見極め、商品やサービスの企画に反映させることができます。

実際に今までうまくいったクライアントさんの企画は、表面的な要望だけではなく、その奥にある本当の欲求から作ったものがヒットしています。

②集客：ターゲットとの関係構築

集客活動においては、魔法の傾聴力を活用することで、まだ出会えていないお客様との信頼関係を築き上げることができます。

SNSを通じた双方向のコミュニケーション、セミナーや展示会での直接的な対話において、お客様の話に耳を傾け、理解し、共感することがポイントです。

お客様が自分の願いや関心事を理解してもらえていると感じる時、心を開いてくださって、本音を聴くことができます。

そうやってお客様の声を集め、その内容に対応したコミュニケーションを行うことで、集客効果が最大化できます。

③成約：お客様の期待に応えるコミュニケーション

成約の段階では、傾聴力がお客様との最終的なコミュニケーションを成功に導きます。

この段階では、お客様の疑問や懸念に対して理解し、情報をお渡しして、解決策をお伝えします。それにより、お客様から信頼されて成約に結びつきます。

この聴き方が身についていると、リピート率アップなど長期的な関係構築にも結びつきます。

傾聴力がビジネスの成否を大きく左右する

このように、企画、集客、成約の各ステージにおいて、傾聴力を効果的に活用することは、ビジネスの成否を大きく左右します。

お客様の本当の欲求に応える提案は、他社よりも選ばれる理由になります。

傾聴は単なる情報収集の技術ではなく、お客様との信頼関係を築き、さらなるビジネスの発展への基礎を作る大切な技術です。

あなたも魔法のような傾聴力をビジネスに活用することで、企画から集客、成約に至るまでの各プロセスを習得して、ビジネスを成長させていきましょう！

次項より、具体的な実例を解説していきたいと思います。

2 企画のシーンで傾聴力を活用した事例

パン教室アトリエリブラでヒットした企画の事例

では、実際に企画のシーンで傾聴力を活用した事例をお伝えしましょう。

まずは、私が過去に自分の教室（パン教室アトリエリブラ）で行った事例です。

傾聴力を発揮して生まれた企画としては、当時は珍しかった7つの天然酵母パンを1か所で習えるというものがあります。

当時、複数の天然酵母にチャレンジしたい場合には、複数の教室を渡り歩いて習得しなくてはなりませんでした。

そこで、自分自身の体験からその不便さを感じていた私は、傾聴力を発揮して、当時教室に通う方にも聴いてみたのです。すると、みな同様の感想を持っていることがわかりました。

その不便さを解消するために生まれたのが、「**1か所で7つの酵母を習える**」という企画だったのです。

そして、このコンセプトがヒットしたことで、私の教室は全国から生徒さんが来る満席続きの人気の教室となりました。

お客様をずらして成功した米粉パン教室の事例

次に、私のクライアントさんに実際にやっていただいて、成功した事例を紹介しましょう。

その教室が、他の教室で資格を取った方向けに商用利用の認定コースを新コースとしてリリースした時のことです。

すると、そのコースのLPを見たインスタグラムのフォロアーさんから「育休中で資格を取りたいのですが、可能ですか?」というお問い合わせをいただいたのです。

それがきっかけで、コース自体の内容はほとんど変えずに、対象とする方を変えたもう1枚のLP（ランディングページ＝お申し込み用のWEBページ）を作成して新たに募集をしたところ、大ヒットに。

お客様の声からヒントを得て、**販売対象者を変えたことが成功の要因**でした。

その後も同様に受講が見込めるお客様の声を拾い上げながら、販路を広げていきました。

このようにお客様の声に丁寧に耳を傾けることで、ヒットする商品を作り出すことができます。

こうした声をキャッチできないだけで、売り上げ増加のチャンスを逃してしまう方も多いので、反応センサーを敏感に働かせていきましょう！

3 集客のシーンで傾聴力を活用した事例

パン教室アトリエリブラで集客アップした問い合わせ対応

次に、集客のシーンで傾聴力を活用した事例をお伝えします。

まずは、やはり私のパン教室アトリエリブラで行った事例です。


「〇〇のコースは次の開講いつですか？」


あなたはこのようなお問い合わせが来た場合に、どのように答えていますか？

日程が決まっているのであれば、その予定をお伝えするか、決まっていなければ「未定です」と答えるのが通常かと思われます。

しかし、傾聴力を発揮するなら次のように対応できるのです（実際に私が行った対応です）。

①次の予定は○月の予定ですが、このコースを習ってスキルを習得したい期限はありますか？　もし**お急ぎなら、今あるコースで振替枠が1枠**あるので、そこにお入りになりますか？

②現在のコースは第3火曜日ですが、同内容のコースで、第4木曜日クラスであれば、来月から始まるクラスがあります。**曜日のご都合はいかがですか？**

③途中参加するほどには急いでないので、次の開講で入りたいということでしたら、これから曜日を検討する予定だったので、**参加できるお好きな曜日**を言っていただければ、その曜日に合わせますが、いかがですか？

お客様の答えを予測してお伝えしているという部分が大きなポイントです。

このように集客の段階でもお客様の要望に上手に受け答えをするだけで、普通に問い合わせに答えるよりもはるかに成約が高まります。

実際に、私の場合、問い合わせからの成約率はほぼ100％に近い状態になっていました。

質問力はそのまま集客力にも成約力にも転換します。

ぜひ「聴く耳」を育てていきましょう。

2つの客層を持つことで集客力がアップしたお菓子教室の事例

プロ向けのお菓子教室を開講していたクライアントさんの事例もご紹介しましょう。

この方の教室では、もともとは「教室の先生になりたい方」を対象としたプロ向けの講座を開講していました。

ところが、そうしたご自身の意図とは別に、募集ページからカフェ開業や販売のスキルアップの講座の問い合わせが来るようになったのです。

その声を精査して、結果、彼女の教室は教室業を開業したい方と、販売用のお菓子作りを教えるコース2本立てにすることに。

つまり、2つの層のお客様をターゲットにすることにしたのです。

このように、こちらが意図しない内容でも、お客様が勝手に魅力を感じてお問い合わせをくださることもあります。

その時に「やっていないので」と断るのか、その後ろにあるニーズ・ウォンツまで掘り下げて開講を検討するかで、集客力も変わります。

判断のポイントは「複数人数がその講座を希望しているかどうか」、そして「自分自身がその講座を教えることは楽しいか」です。

何か新しい問い合わせが来た時には大きなヒントでもあり、チャンスでもあります。

ここはしっかりお客様の声をキャッチアップすることがおススメです。

4 成約のシーンで傾聴力を活用した事例

パン教室・コンサルティングの講座申し込みのシーンで心がけていたこと

今度は、成約のシーンで傾聴力を活用した事例をお伝えしましょう。

私が、パン教室をやっていた時でも、コンサルティング業を行っている時でも、成約のシーンで常に心がけていることがあります。

それは、「お客様の本心がどこにあるのか」を判断するということです。

「成約に近い方なら、このように答える」というある一定の法則があるので、それを確かめながら話をしていくことになります。

例えば、この3つは代表例です。

プロローグ
第1章
第2章
第3章
第4章
第5章
第6章
第7章
エピローグ

①期限：いつまでにどうなりたいのかを決めているかどうか？

②予算：気持ちが傾けば、どうにかお金を用意するぐらいの熱い気持ちがあるかどうか？

③決裁者：自分ひとりで決めることができるのか、親、夫の許可がいるのか？

もちろん、他にも色々な要素が絡むケースもありますが、シンプルに、まずはこの3つの本心がどこにあるのかを確認しながらお話をしています。

もちろん、その前提として「講座そのものに魅力を感じてるかどうか」は確認する必要があります。

この時には「～という講座になりますが、いかがなさいますか？」とお尋ねします。すると、まず申し込む気になっているのであれば、「はい、お願いします」となりますし、「申し込みはしたいのですが、〇〇の部分がネックで迷っています」というはっきりした理由がある方は対処しやすいです。

一方で、冷やかしレベル、またはさほど申し込む気がない方は、「日程を確認してみます」「家に帰って主人に聞かないとわからないので」といった、その場をうやむやにする回答になるケースが多いでしょう。

「そのような曖昧な方でもなんとか成約したい」とあなたが思うのであれば、追いかけてみるのも一つの手です。

しかし、たいてい、お話から3日以内に決定できない方は、仮に成約してその後に講座が始まっても進みが遅かったり、すれ違いが生じることがあります。

個人的には、決断、判断が遅い方は、「今、契約するお客様」としてはあまりおススメできないなと思うのが正直なところです。

ですから、成約率を上げたいなら、「成約しないと思われる方は、早めに見切って、あまり時間をかけて話をしない」のがポイントです。そこにかける時間を、もっと見込みがありそうな方に割くのが賢明だからです。

決まらなさそうな方に時間をかけた挙句、成約しないと落ち込む方が多いのですが、そもそも決まらない人は決まらないので、あまり無理をしない方がお互いにとっての幸せにつながります。

プロローグ
第1章
第2章
第3章
第4章
第5章
第6章
第7章
エピローグ

お客様を自分の価値観で判断しないことで成約率を上げた事例

これは、ある雑貨を制作していたクライアントさんの事例です。

「お問い合わせは来るけど、全然決まらない」と言うので、そのプロセスを確認しました。

すると、ある一つの原因が見えてきました。

それは「自分の価値観だけでお客様の思いを判断してしまっている」という点でした。

問い合わせが決まらないのは、ほとんど受け手側、つまりこちら側の対応に問題があると思った方がいいです。

私からすると、問い合わせをしてくださる方は、とても前向きに検討しているので、きちんと対応すれば、ほぼ決まるはずだと思っています。

それが決まらないのであれば、それは対応に問題があるケースがほとんどです。

そして、対応に問題があるケースの一番大きな要因が、自分のフィルターでお客様の気持ちを判断してしまっていること。

いつも問い合わせがうまく決まらないと、自信がなくなっていきます。すると、お客様の話も常に**「ネガティブ方向」で聴いてしまう癖**がついてしまうのです。

しかし、お客様の本当の気持ちは、きちんと聴かないとわかりません。

だから私はいつも、クライアントさんに「それは、本当にお客様が言っているの？」と伝えています。

うまくいってない方は、たいてい**自分の勝手な思い込みと推測で判断**しているケースが多いのです。

お客様の本心はお客様しか知らないのだから、それを聴かないと成約には結びつきません。思い込み癖のある方は特に注意です。

私はいつも、客観的にフラットにお客様の真意を確認するようにしているので、成約率が高い方だったと思います。この視点があると成約率改善に役立ちます。

プロローグ
第1章
第2章
第3章
第4章
第5章
第6章
第7章
エピローグ

5 顧客リピートのシーンで傾聴力を活用した事例

パン教室アトリエリブラで継続を促すためにやっていたこと

最後に、顧客リピートのシーンで傾聴力を活用した事例をお伝えしましょう。

私がパン教室を運営していた時に、主にやっていたことは2つです。

一つは、コースの終わる1回前の講座、つまり、6回講座であれば5回目に次期講座の案内をすること。

ポイントは、ただ単に日付を案内するだけではなく、「今の流れを引き継ぎつつ、もっと楽しくなることが予測できるように案内する」という点です。

また、この形で継続を促すのであれば、コースの曜日も今のまま引き継ぐ方がいいです。例えば第2木曜日ということであれば、同じ曜日で継続する方がいいのです。

理由は、「すでに習慣化しているから」です。習慣の中で次を案内される分には、さほどストレスもなく、スルッと継続のお申し込みをいただけます。

そして、**もう一つは、次の講座のパンなど試作していたら、ランチの時に出してしまうということです。**

これは私も最初は意図してやっていたわけではなかったのですが、試作したパンはそれなりの量があるので、ひとりで食べるのは難しい。だから、生徒さんに新作のパンとして気軽にお出しししていました。

すると、「おいしい！　これ習いたいです」「かわいい！　これプレゼントに最高ですね。いつ習えますか？」などというお声をいただくようになり、結果、講座を作っていなくても予約が入る状態になっていたのです。

パンに限らず体験を先にさせることができるアイテムを持っている方は、それだけでも簡単に継続の意思をいただけると思います。

このような形で、私はほぼ8割以上の方に継続していただいていました。

お客様は、もし一度教室を離れてしまうと、もう一度通いなおすのはおっくうになります。ぜひ通っている方が、そのまま通い続けることができるようなご案内を心がけてください。

その場である程度継続の意思を聴いてしまえば、その枠に新しい人を入れる集客の手間がなくなります。すると、新規集客で苦しむことはほぼなくなります。

終わりのない講座を持っている事例

ある一定の学びが終わったメンバーが研究科に進んだり、または先生やメンバーと離れたくないという理由で継続を希望するケースがあります。

そのような場合に「終わりのない講座」を作って成功したクライアントさんもいらっしゃいます。

今で言うとサブスク型のオンラインサロンなどがこれに当たると思います。

このような講座は、「新作の講座が」というよりも**「先生や仲間が大好きだから、一緒に過ごしたい」という気持ちからの継続**になります。

だからといって、その講座の手を抜いていいということではないのですが、関係性もあり、やることもわかっていて、好きでそこに通い続けることを選択してくださる生徒様というのはとてもありがたい存在ですね。

ちなみに、私は開業当初からお世話になった集客コンサルタントの先生には、会員として12年お世話になっていました。

先生の知識とアドバイスが素晴らしかったのはもちろんですが、一緒に学ぶ先輩や仲間の方の行動や発言もとても参考になり、毎月が停滞なしで続けられました。

知識を学んだら終わり、という講座だと、そこで関係性も切れてしまいます。

しかし、このように、先生のお人柄や仲間とのご縁でつながるようなコミュニティ運営ができるなら、「終わりのない講座」を持つことになり、それは随時集客からの解放にもつながるので、ぜひここは目指していただきたいと思います。

以上、第6章では傾聴力を実際のビジネスに活用してきた実例をお伝えしました。

あなたの事業や業界の特性があると思いますので、考え方を応用して実際のシーンでたくさん使っていただけると幸いです。必ず成果に直結しますので、まずは一つでもいいのでチャレンジしてみてください。

第7章

魔法の傾聴力でビジネスも人生も自由にデザインできる

1 攻めの傾聴力は相手の本音を理解できる万能スキル

ビジネスシーンから日常シーンへ

ここまでの章では、傾聴力を主にビジネスで活用する方法についてお伝えしてきました。

第7章では、さらにこの魔法の傾聴力をビジネスだけではなく、コミュニケーションや自分自身の人生を自由にデザインできる、強力な武器にする方法をお伝えしていきたいと思います。

本書のテーマである「攻めの傾聴力」は、単に相手の話を聞くこと以上の意味を持ちます。それは、相手の言葉の背後にある意図や感情、本音を理解し、それに基づいて相手との関係を新たに創り出すスキルです。

ビジネスシーンでは、お客様が何を真に求めているのかを見極めることができれば、そのニーズにピッタリ合った提案が可能となります。

これは、成約率の向上に直結しますし、お客様の満足度の向上、長期的な関係構築へとつながります。


そして、この能力は日常生活の中でも頻繁に活用できます。

例えば、家族や友人とのコミュニケーション。日常生活の中で、私たちは多くの人と関わり合います。

そんな場面でも、相手の話を表面的に聞くのではなく、その背後にある感情や真意を汲み取ることができれば、より円滑な深い人間関係を築くことが可能となります。


つまり、「攻めの傾聴力」は実は「人に優しい傾聴のスキル」でもあるのです。

もしもあなたが、このスキルを完全に身につけたとしたら、「一生ものの宝」を手に入れたことを実感していただけるでしょう。

相手の非言語領域も丸ごと感じる「進化した攻めの傾聴力」

「ねぇ、あれ取って」

「ああ、あれね。わかったわ」


こんな熟年夫婦の会話を聴いたことがありませんか？

初めて聞く人にとっては、まったく内容が通じない会話です。

それでも長年連れ添ったふたりの関係であれば、「あれ」が何なのか、きちんとお互いが理解できるのです。長年の経験による共通言語があるから、成立する会話です。

もしもあなたが、日常でも傾聴力を発揮すれば、この夫婦のようにとまではいかなくても、かなりの確率で相手の本音が見えるようになります。

ただし、そのためには、相手の言葉だけでなく、直接的には聞こえない、話している声のトーンや、目の表情といった、非言語的なメッセージを感じることが必要です。

「えー、難しそう！」って思いますか？

大丈夫です。ちょっとしたポイントを気にするだけでも、家族関係、友人関係、仕事関係、あらゆる場面で良い状況を作っていけるようになります。

ぜひ、もう一歩進化した「攻めの傾聴力」＝「相手の非言語領域も丸ごと感じる力」を手に入れる、最後のレッスンにチャレンジしていきましょう。

これからお伝えする**「攻めの傾聴力」**は、単なる聴き方のテクニックではなく、人とより深く関わるための「心の技術」です。

この「進化した攻めの傾聴力」をどのようにして磨き、活用していくのか。

あなたのビジネスやあなた自身の人生の、好転のきっかけになるようなお話をしていきます。

2 傾聴力を使って、好きなお客様とだけ楽しくビジネスをする

好きでもないお客様と仕事をする会社員の辛さ

「あー、好きなお客様とだけ仕事ができたらどんなに幸せだろう」

あなたは、そう思ったことがありませんか？
私は、あります。
会社員だった時のことです。

私個人としては取引を望まない会社さんがあったのですが、会社の命令で、その会社との契約を取りにいかざるを得なかった時に実感しました。
たとえ個人としては性格が合わない担当者だと思っても、会社対会社の取引上メリッ

トがあるなら、契約を取るのが営業の仕事です。会社員なら当たり前のことかもしれませんが、それは私にとっては、とても残念な経験でした。

あなたはお客様を選んでいい

個人事業主の特権は、「自分でお客様を選べること」です。誤解のないように言いますが、これは「傲慢になれ」ということではありません。お客様が商品・サービスを購入する時に、どこから買うか、誰から買うかを選ぶように、提供者側であるこちらも選ぶ権利があるという感覚です。

「お客様を選んでいたら売り上げが上がらなくなる！」と思うかもしれませんが、私の持論は逆です。**お客様を選ぶから売り上げが上がるのです。**

これは、経験のない方にはなかなか信じていただけないかもしれませんが、私の実感

プロローグ
第1章
第2章
第3章
第4章
第5章
第6章
第7章
エピローグ

です。そして、うまくいっているクライアントさんは、みなさんこの思想で行動してもらって成果が出ています。

「何でも、誰でも」のビジネスは、結果として、誰でもいいビジネスだから、誰にも選ばれないのです。

では、あなたにあったお客様を選ぶには、どのような傾聴力が必要なのでしょうか？

理想のお客様を見つける対話法を、いくつかの事例でお伝えします。

価格と価値の優先度合いの相性を見極める

まず大切なのが、傾聴によって「価格と価値の優先度合いの相性を見極める」ということです。

お客様にとっても、こちら側にとっても、価格に対する価値観のすり合わせが必要です。

例えば、私は価格第一の方とは、なるべく取引しないようにしています。

なぜなら、価格第一の方であれば、内容はともかく値段が優先されるため、いつでも気軽に他社に乗り換える人という傾向が強いからです。

私はどちらかと言うと、お互いの思想や価値観が共有できる人とお付き合いをしたいので、必ずしも商品・サービスの選定は価格だけでは決めません。

お取引があった方とは、長期的に付き合いたいと考えるタイプです。

だから同じような歩調、波長でお付き合いできる相手がいいと考えています。

ではそうした相手をどう見極めるかと言うと、傾聴力を発揮すれば簡単です。

価格第一の方は、商品内容の話をしている時でも気がそぞろで、価格はいくらなのかをすぐに聴きたがったり、値切ってきたりします。

もしも、あなたがこのような人を付き合いたくないと思うのであれば、その段階で速やかに手を引いた方がいいでしょう。

お互いにとって価値観が違う状態で長々と話をするのは時間の無駄だからです。

相手が発する言葉、方向性をしっかり聴くことで、あなた自身が主導権を持って、お付き合いしたいお客様かどうかを見極めることができるのです。

優柔不断な人かどうかを見極める

そしてもう一つ、もしも、あなたが長期的にお付き合いしたいと思える、良いお客様と出会いたいなら、何かのイエス／ノーを決める時に、その方の判断にかかる時間を見るといいでしょう。

相手に決断を迫る質問を数回すれば、すぐに決断のできる人なのか、優柔不断な人なのか見分けることができます。

例えば、お客様と対話している時にこのようなことを聴いてみてください。

①日時を決める
②どういうサービスなら満足できるのかを具体的に聴いてみる
③支払い期日を決める

このような意思確認の話を切り出した時に、曖昧な答えしか返ってこない場合には、その先も同じことが続くことが予想されます。

優柔不断な人は、自分の確固たる信念がありません。ある時にはイエスと言ったのに、ちょっと誰かから何かを言われるとすぐにノーに変わってしまったりします。
そんな人をお客様にしてしまうと、ずっと振り回され続け、本来かけなくてもいい余計な手間がかかってしまいます。

なので私は、サクサク決断できる方とだけお付き合いすることに決めています。
その方が、確定する内容が増えるので、ビジネスがスムーズに進みます。
これが私の基本スタンスです。

あなたはいかがですか？
売り上げ数字が欲しいから、優柔不断な

相手とも割り切って付き合うと決めるなら、それでも構いません。

しかし、もしもお客様に対してイライラが募るのであれば、そもそも契約の時にその方を選んだあなたの目が間違っていたことになります。次回からは、攻めの傾聴力を使って、しっかり相手の意図と意思を聴いてみてください。

すると、本当にあなたが付き合いたいお客様かどうかの見極めができるようになります。

共感ポイントが同じかどうか確認する

ビジネス上でお付き合いするお客様と楽しくやりたいなら、「共感できるかどうか」もとても大きなポイントになります。

あなたが情熱を持って語ったビジネスのストーリーを、同じような熱量でうんうんと頷いて聞いてくださるお客様なら、間違えなく相性が良いでしょう。

金額とか、条件とかも乗り越えて、スルッと契約が取れて、その後も良い関係が続く可能性が高いです。

商品には感情がなくとも、あなた自身には感情があります。
そして、その感情の延長にお客様との関係構築の指針が現れます。

あなたが付き合いたい人はあなたが決めていいのです。

そして、相手のお客様も、もちろん誰から買うか決める権利があるのです。つまり50対50という関係で成り立っているのが、正常な売買の姿です。必要以上にへりくだることはありません。

だからこそ、本当に好きなお客様とだけ仕事をしたいなら、質問力と傾聴力でお客様を見極める必要があるし、これができるとストレスなく楽しく仕事を続けることができるようになります。

これは私自身もクライアントさんも実践していることなので、その実感からお伝えすることができます。

3 質問力と傾聴力を磨き、好かれる人になれるコツ

相手に好かれ、人間関係の質を高める

質問力と傾聴力は、好かれる人になる上でとても大切なスキルです。

これらのスキルを磨くことで、相手に好かれる人になることができます。

また、傾聴力と質問力を磨くことは、相手に好かれるだけでなく、自分自身の人間関係の質を高めることにもつながります。

相手の話に耳を傾け、適切な質問を通じて深い関係を築くことで、ビジネスも人生もより豊かなものになるのは間違いありません。

ここでは、質問力と傾聴力を高め、人から好かれるコツについて解説します。

質問力を高める3つのコツ

まず、質問力を高めるコツから紹介しましょう。
質問力を高めるコツは、３つあります。

①オープンクエスチョンをする
はい／いいえで答えられる閉じた質問では、話がすぐに終わってしまいます。相手の話を広げたいなら、相手の考えや感情を引き出せる**オープンクエスチョンを心がけましょう**。これにより、会話が活性化し、相手の本音も聴きだしやすくなります。

実際にお話を聴いていると、これが苦手な人が多いと感じます。

②関心を持って質問する
自分の知りたいことだけでなく、**相手が話したいことに関心**を持って質問しましょう。相手の興味や関心に合わせた質問は、相手にとって魅力的であり、会話が弾みやすくなります。

③フォローアップ質問をする

フォローアップ質問とは、相手の答えを受けて、さらに**詳しく知りたいことを聞く質問**です。これにより、相手は自分に関心を持ってもらえていると感じ、好意を感じてくださる確率が上がります。

以上の3つのコツを意識して、日常のちょっとした会話でも、相手の話を丁寧に聞き、関心を持って質問してみましょう。

例えば、相手が趣味の話をしたら、次のように相手の経験や感情に添った質問をしてみます。

「それはいつ始めたの？」
「なんでそれをやろうって思ったの？」

また、お客様や取引先との会話なら、その人の仕事への情熱や目標に関する質問をするといいです。

「こちらの商品を気に入っていただけた理由は何ですか？」
「将来的に達成したい夢や希望は何ですか？」

このように、相手の内面に焦点を当てた質問をしていくといいでしょう。

傾聴力を高める3つのコツ

次に、傾聴力を高めるコツを紹介しましょう。
傾聴力を高めるコツも、3つあります。

①全身で聞く
聞く時は耳だけではなく、**目を見て頷くなど体の反応も使って、全身で相手の話に集中**してみましょう。これにより、相手は真剣に聞かれていると感じ、よりいっそう話しやすくなります。

②先入観を捨てる

相手の話を聞く際には、先入観や偏見を持たずに聴くといいです。自分の意見や経験を押し付けず、相手の言葉そのものに耳を傾けることが重要です。**相手の言葉の中にこそ本心**があります。これを聴き損ねると施策がずれてしまうので、ここは注意ポイントです。

これは私の独断ではありますが、女性のクライアントさんとお話していると、相手の言葉よりも、その方自身の価値観で判断して失敗しているケースが多いと感じています。

③感情に共感する

話には、言葉だけでなく感情が込められています。その感情に共感を示すことで、相手は自分が理解されていると感じ、より深い信頼関係を築くことができるようになります。

共感は言葉だけではなく、態度でも表現することができますので、五感を使って共感力を高めましょう。

4 聴く人の器の大きさが、人もお金も引き寄せる

他の人の意見や感情を受け入れられますか？

あなたも様々なシーンで、「器の大きい人」または「器の広い人」という言葉を耳にしたことはあるでしょう。

「聴く」ということに注目した場合、器の大きさとはズバリ、次のことを指します。

「その人がどれだけ他の人の意見、感情、考えを受け入れられるのか」

さらに拡張すると、「どれだけ他者を理解、尊重できるか」ということにもなります。

このスキルがあると人間関係もスムーズになり、些細なことでイライラしたり、怒ることも減らせます。

そして、器の大きい人と、人もお金も集まる事象の関係は、明らかです。

つまり、人の話を聴く器を広げ、他者を理解して尊敬を示していると、相手の方は心地よい気持ちになれるので、自然とあなたの元に訪れるようになります。そして、人が集まるところには、自然とお金も集まりやすくなるのです。

だから、もしもあなたがビジネスを成功させるために「人もお金も集まる状況を作りたい」と思ったら、器を大きくすればいいのです。

ここではそのための方法、つまり「聴く」ということに注目した、器を大きくする方法を解説します。

自分自身を認める

もしかしたら少し意外に思うかもしれませんが、まず大切なのが「自分自身を認める」ということです。

自分の中にゆるぎない自己信頼があれば、他人に何か言われてもさほど気にならないからです。

逆に、自分に自信がない人は、相手の話にすぐ反論したり、反発してしまう傾向があります。

だから、聴く器を大きくしたいのであれば、まずは自分への信頼度を高めることがそのための第一歩になるのです。

多様性を尊重する

私自身にはいつでも、自分の考えがあります。

そしてそれと同時に、その考えがいつでも正しいとは限らないことも理解しています。

子どもにも子どもなりの正義があり、親にも親なりの正義があります。場合によっては、そのまま交わることがなく、平行線になることもあるかもしれません。

でも、それでもいいのです。人の多様性を尊重しましょう。

例えば、私は私の父親の考え方、行動、すべてが嫌いでした。今でも、好きか嫌いかと聞かれれば、きっと「嫌い」と答えます。
ただ、父には父なりの考えがあるのだと平行線に置くことで、特に感情にも波風が立たなくなりました。ある意味どうでもいいと言うか、違う世界で生きているのだと思うようになってからは、感情にざわつきがなくなってきています。

特に身内は近くにいるので気持ち的なダメージが大きいかもしれませんが、他人はそこまで近くにいないので、価値観が違うのだと理解しやすいかもしれませんね。

自分も他人も失敗を許す

これ、実は過去の私の反省です。
過去の私は、とても自分の失敗に厳しい人でした。
無意識にですが、おそらく他者に対しても同等のレベルを求めていたかもしれません。

しかし、開業3年目に事業がうまくいかなくなり、あらゆるものを見直そうとスピリチュアルのセッションを受けた時に、事業が停滞している要因はそこにあるとのアドバイスをいただいたのです。

さらに「もっと自分を愛して認めてあげてください。貴子さんは今までもずっと頑張ってきたんですよ」と言われて、ストンと肩の荷がおりたような心地よい爽やかな気分になりました。

そして、実際に自分を責めることなく、完璧主義を目指すこともなくなるようになると、不思議と他人に対する失敗などにも寛容になりました。

「ま、そんなこともあるよね」というぐらいで済ませることができるようになりました。

以前の私からすると大進歩です。

そして、この状態を作れるようになったら本当に事業が好転しはじめて、ビジネスもプライベートもさらに加速度をかけてうまくいくようになりました。

年商もどんどん上がり、事業も発展していくようになりました。

だから、私のように「自分自身に厳しすぎるかも」と思った方はぜひ、いったん立ち止まって自分を癒してあげてください。

そして、「大変!」「辛い!」と思った時には、素直に他の人にＳＯＳを出してみてみませんか?

あなたが思っているより、頼られることを喜ぶ人が多いと気づくはずです。

寛容な状態で人の話を聴くことができれば、相手の方は安心してあなたに本心を伝えられます。

その時にこそ、本当の関係性を作ることができると思うのです。

5 魔法の傾聴力でビジネスも人生も自由にデザインできる

「よくしゃべる人」という印象で見られがちですが……

この本では主に傾聴力をビジネスに活用するための方法をお伝えしていますが、私自身は傾聴力はビジネスだけではなく、人生も豊かにできるスキルだと実感しています。ですから、この第7章では敢えて、日常生活でのシーンも織り交ぜてお話をさせていただきました。

私はコンサルタントやセミナー講師という立場柄「よくしゃべる人」という印象で見られがちです。

しかし実際には、特に初対面の方が相手であれば、むしろ私の方が聴き役に徹していることが多いです。

イメージとしては、相手が8割話し、私が2割話すぐらいです。この比率は、会社員時代に営業でお客様のところを訪問していた時もほぼ同じでした。

聴く人は成約率も高くなる！

話しすぎる人よりも聴く人の方がビジネスはうまくいく。

そう感じたのは、営業成績があまり良くない営業部の部下の同行訪問をした時でした。

その部下は自社商品の説明に必死すぎて、相手の話、顔色、雰囲気（なんか面倒くさいと感じているなど）を感じ取っていなかったのです。

私はその部下の話を聴く側の立場だったので、私なら話さないだろうタイミングで彼がたくさん話していることが見えました。

そして、これが「成約率に直結する大きな違い」だと、その時に理解しました。

その後、私は独立してパン教室の講師や、電子書籍の講師などを経て、現在の経営コンサルタントになっているのですが、そのスタンスはずっと変わっていません。

なぜなら、聴くことで得られる情報がとても有益であることを知っているからです。

聴くことで企画も集客も、成約もうまくいく

私がマーケティングと言われる、売れる仕組みを起業当初から作れたのは「お客様の本音を聴きだす」ことに躊躇がなかったのが大きかったと思います。

それは、**「本当の欲求はお客様自身の心の中にある」**ということを理解していたからです。


「多様性があることも許容する＝自分の価値観とは違う」という前提で話を聴くと、俯瞰した目で共感できるようになります。

すると、お客様との付き合いにおける共通言語を見つけることができ、理解が深まります。

また、理解してもらえているんだと思うと、お客様もサラサラと本音を話しはじめます。

本音がわかれば、企画も、集客も、成約も簡単になります。

事業構築のスタートは「聴くことから始まる」と言っても過言ではないと思います。

人生における魔法の傾聴力とは

そして、ビジネスでの活用ができるのであれば、プライベートな人間関係にも簡単に応用できます。夫婦、親子、家族、恋人、友人、あらゆる場面で使えます。

人に興味を持つことができる人は、話を聴くのもそんなに苦ではないと思います。

個人的な見解にはなりますが、やはり男性よりも女性の方が「おしゃべり好き」な傾向があると思うので、相手の理解を深めたいと思う時には少し自分が話す頻度をセーブしてみるというのがいいかもしれません。

もちろん、家族には家族のルールがあるので、その中でのコミュニケーションで構いません。

でも、実は少し自分が話す頻度を落とすだけで、相手が話しはじめることも多いので、身に覚えがある方はぜひ試してみてください。

私は、友人に話したいことがあると言われたら、心が決まって、本人が話したいタイミングになるまで、空気のようにそこにいて、ふんわりと待つことができます。

現代人はとても忙しいです。

LINEなどに代表される既読の時間までわかるようなSNSを扱っていると、数分待たされただけで落ち込んでしまう人もいるかもしれません。

だからこそ現代は、余計に「待つ」ことができるスキルの価値が高いと感じています。

そして、「話す」よりも「聴く」のスキルを、先に磨く方がビジネスも人生もうまくいくと実感しています。

「聴く」ためには適切な「質問」もセットになってくるので、おそらく聴くことができる人は、相手が本音を言いたくなるような質問を用意する気遣いができる人なのだと思います。

あなたにはぜひ、このスキルを大いに活用していただきたいです。

年齢を重ねるほどに、自分の話を「聞いて!」というタイプの方が増えていく印象があります。

だからこそ、「聴く人」は好かれていくのだろうと思います。

エピローグ

攻めの傾聴力は、新時代の聴く力

1 過去を癒す「癒しの傾聴力」から、未来を創る「攻めの傾聴力」へ

未来を創る「攻めの傾聴力」とは

あなたは「癒し」という言葉から、過去・現在・未来のどれをイメージしますか？

私の個人的な感覚だと、「過去」または「現在」をイメージします。

「未来を癒す」という言葉はあまり聞きませんよね？

もちろん、逆説的に使えなくもないのですが、やはり未来は「創る」ものだと思います。

そして、未来を創るためにも、「傾聴力」は使えると思うのです。

癒しの傾聴力が寄り添い、心を慰めるものだとすると、攻めの傾聴力は未来を創るものです。相手の心の奥底に眠っている本音を引き出し、本当に欲しい未来に向かうス

テップに導きます。

「攻めの傾聴」の力を使えば、未来を先に設定して、その未来へ現実を運ぶように相手の行動を意味づけることができます。

では、具体的に攻めの傾聴力を使って、どのように未来を創っていくのか、そのプロセスをお話ししましょう。

夢や目標達成に向けた傾聴

まず、「攻めの傾聴力」を発揮する際は、相手（お客様でも家族でも）が達成したい目標や夢に焦点を当てます。

相手の話を聞きながら、その目標達成に必要な質問をし、相手自身が答えを見つけられるよう導きます。

ここで自分が話をしてしまう割合が多い人は、相手が考えている間を待てずに答えを言ってしまうので、深い意味での共感ができなくなってしまいます。

行動促進のための質問

次に、夢や目標に向かうための具体的な行動のためのプロセスについて質問をします。

例えば、「その目標を達成するために、今、あなたがすぐにできる一歩は何ですか？」と尋ねることで、相手自身が今すぐできる一番簡単な行動を探しはじめます。

親子関係でうまくいかない場合、ここで親が子どもよりも先に答えを出してしまい、かつ、その答えを強要しているケースが多いです。

もちろん、この質問はビジネスのお客様とお話する時にもそのまま応用できます。

例えば、「**その課題を実現するために私がどんなことをお手伝いしたら嬉しいですか？**」と伝えると、相手はあなたに手伝ってほしいことを考えるために、自分が今何をするべきか整理しはじめます。

すると、お客様は本当にやってほしいこと、実現したいこと、自分が動く範囲をはっきりと自覚することができるので、お互いのやることが明確になります。

実はこの手法は、私自身がコンサルティングの中で、お客様に実際に行っている質問なのです。

「あなたの課題を解決するために、私に一番力を貸してほしいことは何ですか？」

そう尋ねると、たいてい、次のようなお答えをいただきます。

・色々とやることが多すぎて、**優先順位がわからなくなっているので優先順位**をつけてほしい。

・今自分がどこまで目標に対してどこまでできていて、**後は何をやったらいいのか**わからなくなってしまった。

・お客様の要望をたくさん聞いて講座を作っていたら、**自分が本当は何をやりたいのかわからなくなってしまい**、ただ忙しいだけで疲れてしまった。どうしたらいいのか教えてほしい。

つまり、現在の自分の状況把握と、未来へ道筋の提示の要望です。

これがはっきりすれば、答えを出すのは簡単です。

なぜなら、そのためにコンサルタントが存在するからです。


そして、ご安心ください。

あなたがコンサルタントでなくてもこの力は応用できます。

なぜなら、ビジネスをしているのであれば、あなたはすでにその道のプロフェッショナルであり、お客様のお悩みに必ず応えられる答えを持っているはずだからです。

未来志向の共感

最後に、相手が描く未来に共感を示し、そのビジョンを共有することで、相手の未来へのモチベーションを高めることができます。


傾聴の後に共感。

これがあると、未来を一緒に創る絵を描けます。

一緒に未来の成功を想像することで、現在の行動に積極的な加速をつけていただけます。

未来を創る傾聴力は、WIN-WINを実現するビジネススキル

いかがでしょう？

このプロセスがあれば、ほとんどのビジネスで成約への道のりができてしまうような気がしませんか？

私が「聴くが9割」に徹するのは、お客様が深層心理の中で本当に望んでいることを聴きだし、「未来の姿」を描くためなのです。

お客様が買っているものは、単なる商品やサービスではなく、「喜びに満ちた嬉しい未来の自分の姿」です。それをより明確に自覚していただくことで、あなたの提供するサービスの価値が上がります。

お客様も嬉しい、あなたも嬉しい、まさにWIN-WINの状態です。

そして、この状態を作るためには、相手の方への深い理解が必要です。

だからこそ相手の本心を聴きだすための「攻めの傾聴」が必須となるのです。

プロローグ
第1章
第2章
第3章
第4章
第5章
第6章
第7章
エピローグ

2 頑張らなくても売れていく営業の原点も「聴く力」

売れない営業マンはお客様の本質的な欲求に耳を傾けていない

ここで、勘の鋭いあなたならもうお気づきかと思います。

そう。

「売らなくても売れていく営業」を実現するには、「聴く力」が何よりも大事であるということに。

なぜ、売らないのに売れていくのか。

それは、お客様が本当に欲しいものが確定的に見えてさえいれば、後はそれ（商品・サービス）を目の前にポンと置くだけでいいからです。

売れない営業マンがやりがちなのは、この本質的な欲求に耳を傾けることなく、自分の勝手な思い込みで商品やサービスの案内をしてしまうこと。

だから、「欲しい」気持ちとずれてしまうのです。

お客様の話をしっかり聴いた後に商品提案をするのなら、欲しいと思うものをポンと目の前に置くだけで「そう！　これが欲しかったの！　ありがとうございます！」と言ってもらえるはずです。

だって、その方が欲しいと思っていたものを提供したら、感謝されるのが当たり前なのですから。

集客ができていない人も同じような過ちをしている

集客も成約もプロセスは一緒です。

お客様の本音がわからない限り、自分の勝手な想像で商品を作り宣伝しても、一向に売れません。

集客ができていない人にありがちな過ちです。お客様が本当に欲しいものとずれてい

プロローグ
第1章
第2章
第3章
第4章
第5章
第6章
第7章
エピローグ

るから、集客の反応がないのです。

私がコンサルティングをしていて、集客ができていない人とお話すると、集めたい方の人物像についてあまりにも理解していなくて驚くことが多々あります。

それが集客できていない要因に直結しているのです。

集めたいお客様の人物像の深い理解。これは必須事項です。

もちろん新規事業の場合には、ある程度想像から仮説を立てて、トライ&エラーで事象をつぶして成功確率を上げるしかありません。

しかし、もしもすでにお客様がいて、しかも理想の方と話ができる距離にあるなら、確実に本音を聴くことができるのですから、聞いてしまった方が速いです。

実際に、私は何度もクライアントさんに「実際にお客様に聴いてみてください」とお願いしています。

そうやって確実に売れる商品を作りこんでからリリースした結果、売り上げが3倍、5倍、10倍になったクライアントさんも多数います。

・**お客様も既存のまま**
・**あなたのスキルも既存のまま**

このような状態でも新商品が売れることもあるのです。

これは、やらない手はありませんよね？

スタートは簡単です。


「攻めの傾聴力」を使って、お客様の本心を聴きだす。


たったそれだけです。

ぜひ、今すぐこのスキルを試すために、お客様のお話を聴いてみてください。

それは、きっとあなたとお客様のハッピーな未来を創る「幸せの傾聴の時間」になるはずです。

おわりに

〜新時代の集客力の極意は、話す力よりも聴く力〜

「話すこと」に比べて「聴くこと」は一面的な扱いをされている

現在、出版されているコミュニケーションの本において「話すこと」と「聴くこと」というのは、とても重要なテーマとして扱われています。

例えば、話し方に関しては、プレゼンテーションの技術、交渉術、日常会話でのコミュニケーションスキル向上など、多くの側面がカバーされています。

一方で、聴き方に関する本は、相手の言うことを理解し共感を示す方法、効果的なフィードバックの提供方法など、聴くことの技術や心構えに焦点を当てた内容が中心です。特に聴き方については、感情領域である「共感」「癒し」がテーマになっているものが多いと感じています。

攻めの傾聴力の本質はビジネスの成功に貢献すること

今回私がテーマに掲げた「攻めの傾聴力」は、集客と成約と企画に活用できる、ビジネス上に有利なスキルとしての「聴く力」です。

ちょうど、前述の「話す」「聴く」というテーマの中間地点にあるような、新しいジャンルの「聴く力」とも言えるでしょう。

このビジネスの基礎力である「聴く力」は、いわゆる従来型の寄り添い、癒しを与えるだけの「癒しの傾聴力」にとどまらず、お客様の真の課題を聴きだします。

つまり、マーケティング要素も多分に含んだ、営業力や成約力をアップさせて、売り上げにも貢献できる力です。

まさに新時代の「聴く力」を、あなたの味方につけてください。

商品・サービスが同じでも売り上げは10倍にできる

もともとこの本を執筆するきっかけになったのは、クライアントさんの「成約率の低さを改善したい」という想いからでした。

この本の冒頭でもお伝えしたように、いくら**集客ができたとしても、成約がゼロなら売り上げもゼロ**になります。

仮に100名集客できたとしても、成約が0名なら、売り上げはゼロです。

この例は極端ですが、もっと少ない人数に例えたとしても、5名集客して0名なら、やはり売り上げはゼロなのです。

それなのに、特に**女性個人事業主の方は、「集客」にはとても興味を持つのですが、「成約」にはさほど興味を示しません。**

おそらく、そこまで重要なことであると認識していないのでしょう。

確かに、集客がゼロであれば、成約を語るレベルではないのですが、私がご相談を受けてきた方は少なくとも一桁、多い方だと20名は集められていました。

それなのに、成約ゼロという方もいらっしゃったのです。
この人数がすべて成約に変わったら？
——すぐに売り上げが立つようになります。

あなたのスキルが一緒でも。
あなたの集客人数が一緒でも。
「成約率」が上がれば、簡単に売り上げ10倍も可能です。

このように言い切れるのは、実際に自分がそういうふうに実践してきて成果も出しているし、私の指導で成約率0％から100％に一瞬にして変わったクライアントさんもいるからです。

そして、この成約率に大いに貢献するのが「攻めの傾聴力」となります。

明日からでもすぐに変われることをお約束します

成約率が低い方の大きな問題は「聴くポイントがずれていること」。

この点を解消するための実践的なノウハウを、この本にまとめました。

ぜひ、一つ一つ実践してみてください。


ちなみに、営業時代を含めた個人事業主の時でも、私の最終面談での成約率はほぼ100%に近い状態でした。そのため今まで10年以上、大量に集客する必要はありませんでした。

ある程度の高額商品を少人数に確実に販売できれば、そこまであくせくしなくても売り上げを確保できます。

おひとり様個人事業主の女性が年商1000万レベルを目指すのであれば、「攻めの傾聴力」を手に入れることはとても有用です。

ぜひこのエッセンスを活用して、ビジネスも人生も楽しく謳歌してください。

「攻めの傾聴力」を手に入れて人生を楽しんでいるあなたと、全国で開催している私の〝飛常識〟なサックスライブつきのビジネスセミナーで、お会いできるのを心から楽しみにしています。

攻めの傾聴力を使いこなした先にある、素敵なあなたの未来を応援しています！

2024年7月

〝飛常識〟な経営コンサルタント　高橋貴子

Special Thanks

本書を出版するにあたり、たくさんの方々に支えていただきました。

本企画アイデアを一緒に考えて、出版社様との橋渡しをしてくださった、リベルタ・パートナーズ舎代表で出版プロデューサーの川田修様。

企画スタートのころから細かくご提案くださって本の出来上がりまで併走くださった、株式会社秀和システムの担当編集者様。

作家合宿やその他セミナーでも心に響くアドバイスをいただき、私の作家人生の礎を作ってくださったメンター的存在、作家の本田健さん。

クラブハウスの人気ルーム「耳ビジ」の主宰　姉御的存在の下間都代子さん。

そして、たくさんの著者さんを応援くださる「耳ビジ★サポーターズクラブ」のみなさん。

いつも私の出版を楽しみに待っていてくださり全力で応援してくださる、私のオンラインサロン「女神のTeaSalon」のメンバーの皆様。


おかげさまで、「集客も成約」もうまくいく、「魔法の傾聴力」を磨くことができる本を出版することができました。心からの感謝を込めて、お礼申し上げます。

いつも皆様、応援くださり、本当にありがとうございました。

皆様の人生がより豊かに充実した時間を過ごせるように、この本をご活用いただければ幸いです。


“飛常識”な経営コンサルタント　高橋貴子

・高橋貴子Official website：http://libra-creation.co.jp
・百華辞典　集客ノウハウブログ：http://ss-bible.com/
・高橋貴子SNS：https://libra-creation.com/profile
・無料相談受付：高橋貴子LINE公式アカウント@takako555
・YouTube：https://www.youtube.com/@libracreation
・instagram：https://www.instagram.com/takakotakahashi555/

Profile

高橋貴子（たかはし・たかこ）

◎株式会社LibraCreation代表取締役
◎“飛常識”な経営コンサルタント
◎2011年から神奈川県横浜市で、7つの天然酵母を楽しむパン教室「アトリエリブラ」を主宰。他にはないオリジナルなコースで全国から生徒さんが通う満席続きの人気パン教室となる。
◎前職はツアープランナー、インテリアコーディネーター、ブライダルバンケットプロデューサーなどを経験し、事業部長も務めた営業22年のビジネスキャリアを持つ異色の職歴を持つ。
◎パン教室運営の傍ら、自身の電子書籍のレシピ本をきっかけに、電子書籍の出版コンサルタントとしても事業を展開。ビジネスに活用する電子書籍出版を指導する。
◎その後、パン教室ネット集客の運営実践データを元に、様々なジャンルの自宅教室開業・集客のコンサルティング業務を開始。2015年に教室起業アカデミーとなる「Living起業アカデミー」を開講。2016年に株式会社LibraCreationを設立。女性の自立と自宅教室開業を支援する。自由な思考で未来を創るビジネスマインドを伝える「“飛常識”な経営コンサルタント」である。

【著書】
2017年12月　『趣味から卒業！しっかり稼げる自宅教室の開業・集客バイブル』（合同フォレスト株式会社）
2019年　4月　『黒字へ飛躍！もっと稼げる自宅教室の集客・成約バイブル』（合同フォレスト株式会社）
2021年　9月　『3フク業を実現！40歳から始める新時代のオンライン起業法オンライン自宅教室起業バイブル』（産業能率大学出版部）
2022年　7月　『いつも時間がないと悩むあなたに贈る感情時間術』（産業能率大学出版部）
2022年11月　『自宅教室の集客マインド好転バイブル』（合同フォレスト株式会社）
2023年　7月　『いつも価格設定で悩むあなたに贈る感情価格術』（産業能率大学出版部）
2023年11月　『いつも集客で悩むあなたに贈る感情営業術』（産業能率大学出版部）

自宅《じたく》サロン・自宅教室《じたくきょうしつ》のための
魔法《まほう》の傾聴力《けいちょうりょく》

発行日　2024年 7月 6日　第1版第1刷

著　者　高橋《たかはし》　貴子《たかこ》

発行者　斉藤　和邦
発行所　株式会社　秀和システム
〒135-0016
東京都江東区東陽2-4-2　新宮ビル2F
Tel 03-6264-3105（販売）Fax 03-6264-3094
印刷所　三松堂印刷株式会社　Printed in Japan

ISBN978-4-7980-7308-8 C0034